●シリーズ●
世界の社会学・日本の社会学

Alain Touraine

アラン・トゥーレーヌ

―現代社会のゆくえと新しい社会運動―

杉山光信 著

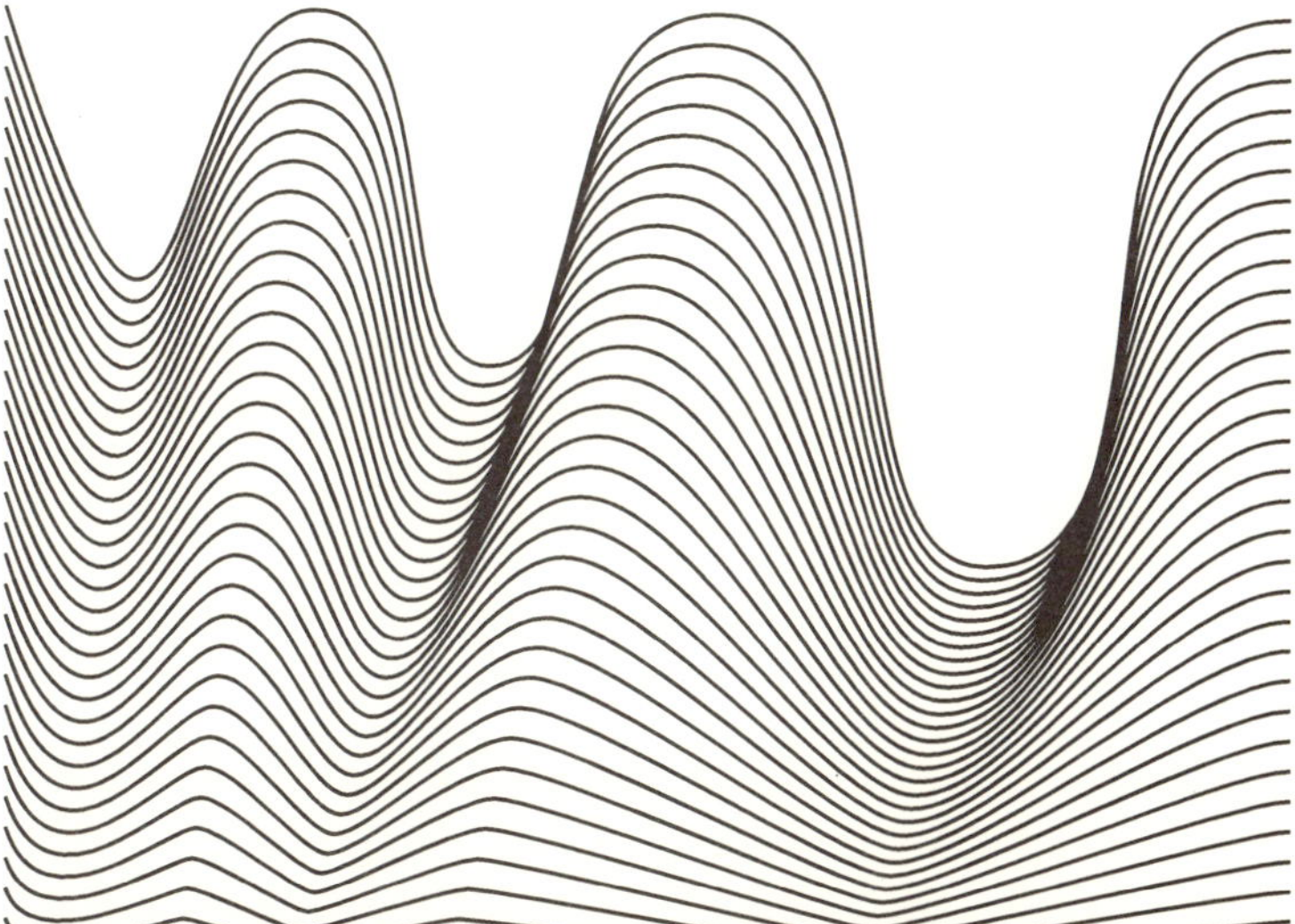

東信堂

「シリーズ世界の社会学・日本の社会学」(全50巻) の刊行にあたって

ここにこれまでの東西の社会学者の中から50人を選択し、「シリーズ世界の社会学・日本の社会学」として、その理論を解説、論評する叢書を企画、刊行することとなりました。このような大がかりな構想は、わが国の社会学界では稀有なものであり、一つの大きな挑戦であります。

この企画は、監修者がとりあげるべき代表的な社会学者・社会学理論を列挙し、7名の企画協力者がそれを慎重に合議検討して選別・追加した結果、日本以外の各国から35巻、日本のすでに物故された方々の中から15巻にまとめられる社会学者たちを選定することによって始まりました。さらに各巻の執筆者を、それぞれのテーマに関して最適任の現役社会学者を慎重に検討して選び、ご執筆を承諾していただくことによって実現したものです。

各巻の内容は、それぞれの社会学者の人と業績、理論、方法、キー概念の正確な解説、そしてその今日的意味、諸影響の分析などで、それを簡潔かつ興味深く叙述することにしています。形態はハンディな入門書であり、読者対象はおもに大学生、大学院生、若い研究者においていますが、質的には専門家の評価にも十分に耐えうる、高いレベルとなっています。それぞれの社会学者の社会学説、時代背景などの紹介・解説は今後のスタンダードとなるべきものをめざしました。また、わが国の15名の社会学者の仕事の解説を通しては、わが国の社会学の研究内容の深さと特殊性がえがきだされることにもなるでしょう。そのために、各執筆者は責任執筆で、叙述の方法は一定の形式にとらわれず、各巻自由に構成してもらいましたが、あわせて監修者、企画協力者の複数によるサポートもおこない、万全を期しております。

このシリーズが一人でも多くの方々によって活用されるよう期待し、同時に、このシリーズが斯界の学術的、社会的発展に貢献することを心から望みます。

1999年7月

監修者　北川隆吉　　東信堂社長　下田勝司
企画協力者（敬称略）　稲上　毅、折原　浩、直井　優、蓮見音彦
宝月　誠、故森　博、三重野卓（幹事）

アラン・トゥーレーヌ
Alain Touraine (1925–)

まえがき

社会学者としての活動のサイクルはどれくらいだろうか。もちろん人によって長かったり短かったりするであろうけれど、およそ半世紀というところか。こんなことを思うのも戦後のフランス社会学を再出発させ、高いレヴェルにひきあげ、数々の注目される研究を生み出したクロジエ、モラン、マンドラスといった人々があいついで長く属していた機関から引退する時期を迎えているからである。アラン・トゥーレーヌもまたこの世代に属していて、長らくつとめ育てた若い研究者たちと調査に過ごした社会科学研究学院を近年、七〇歳を迎え去ったのであった。

トゥーレーヌはまた私にとって一九六八年フランスの五月革命と結びついている。五月革命との関係については本文中で語ることになるけれど、大学院に進み社会学を学び始めたときの最初の出会いが五月革命のなかでのトゥーレーヌだったのである。三〇年目を迎えるにあたってフランスでは五月革命を取り上げた本が一九九八年にはたくさん出たが、そのなかの一冊『六八年五月――昼と夜』という小さな写真集に収録されている一枚のビラを見ていて、思わず拡大鏡をもちだしてしまった。ナンテールでキャンパスに警官隊を導入した学部長を非難するこのビラのなかに、学部長のこの措置はモランとトゥーレーヌの議論を支えにしている、と読めるのである。ことの適否ではない。このビラの文章にあふれる気分がかつてのことを一気に思い出させたのだ。

話を社会学研究にもどそう。トゥーレーヌの「新しい社会運動」論は一九八〇年代の前半くらいまでは注目され議論もされたのだけれど、その後の日本では関心がうすれていったようだ。理由は二つあると思う。ひとつは、新しい社会運動そのものが研究の中心テーマではなくなっていくこと。運動が予想されていたようには発展をみなかったことにくわえ、外国人労働者の問題や、もっぱら為替相場の動きや経済のグローバル化が人々の話題になっていくからである。もうひとつには、わが国の社会学者たちの間で採用されるアプローチである。社会運動の研究では資源動員論が有力な流れになっているが、このアプローチとトゥーレーヌの社会学はあまり接点がない。それで比較も論争も生じなかったのである。

しかし、一九八〇年代初めをすぎて関心がもたれなくなった後で、トゥーレーヌとその協力者であるフランソワ・デュベやミシェル・ヴィーフィオルカなどは一九七〇年代の新しい社会運動の理論をくりかえすにとどまっていたのであろうか。五月革命が始まると直ちにその分析にとりかかったトゥーレーヌは現実の変化に鋭いセンスをもった研究者である。その後の二〇年間ももちろん、フランス社会と世界の変化のなかでの新しい社会運動の運命について考察を続け、再検討を行うとともに、理論的な革新ももたらしているのである。社会学理論の深化が時代の思想的課題に応えさせる。近年になって注目されているヨーロッパ議会でのエコロジスト勢力のリーダーであるコーン・バンディとの親密な結びつきもそこから生まれている。

というわけで、本書ではトゥーレーヌの社会学理論を包括的に示すということはしていない。ラテン・アメリカ論についても割いていないし、民主主義論や近代性批判についてもほとんどふれることはしていない。一九六〇年代から一九九〇年代までの社会と世界の変化のなかでトゥーレーヌがなにを時代の課題としそれに応えてきたか、その主要な筋道を押さえることがねらいである。社会学の理論よりも戦後フランスの事実にふれることが多くなっているとしたら、このためである。監修者からの注文は、社会学の初学者にもわかりやすく書くことと、しかし学問的なレヴェルもしっかりと保つことであった。この注文に応えられたかどうかあまり自信はないけれど、それなりに試みた努力を読みとってもらえるならさいわいである。

二〇〇〇年九月

杉山光信

アラン・トゥーレーヌ——現代社会のゆくえと新しい社会運動／目次

凡例

1　本文中の引用に付した［　］内の数字は、ゴチック体はトゥーレーヌ自身の著作（付録の業績一覧）、斜体は後継者たちやその他の著者（付録の参考文献）の著作の番号を示す。

2　本文中に＊を付した言葉に関しては、付録の用語解説で解説している。

アラン・トゥーレーヌ——現代社会のゆくえと新しい社会運動

第1章　人と時代と活動

1968年3月22日のあとの
ナンテール・キャンパスの学生たち

1　新しい大学・ナンテール

のちに五月革命として知られる一九六八年のフランスでの一連の事件が、パリ西部郊外にあるパリ大学ナンテール校から始まったことはよく知られている。一九六〇年代のフランスはアルジェリア戦争の負担からも解放され、経済成長は年に五パーセント近い率で続いていた。豊かさが国民のあいだに広まるとともにそれまで大学に進学することのなかった階層の家庭の子弟も高等教育へと押しかけるようになる。旧態依然としたフランスの大学はこの学生数の急速な増加に対応できない。パリでもいくつかの大学が急遽設置されるがそのなかの一つがナンテール校であり、工場や住宅が雑然と並ぶ土地に建設された校舎が学生を迎えるのは一九六四年のことである。哲学、歴史学、文学という伝統的な学部構成をとるソルボンヌの文学部とはことなり、当時はやりの人間諸科学なかんずく社会学、社会心理学を軸にしてこの学部は構成されていた。そして教授陣にはかつてはマルクス主義哲学者として知られていたがそのご日常生活批判に進み、そこから都市問題へと研究テーマを進めていたアンリ・ルフェーブル、戦略分析のアプローチから官僚制化の現象に取り組んでいるミシェル・クロジエ、社会心理学者のディディエ・アンジュがおり、ジャン・ボードリヤールもこの学部の助手をつとめていた。この創設時のメンバーのなかにアラン・トゥーレーヌも含まれていた。このようにナンテールの学部はギュルヴィッチとレイモン・アロンを擁するソルボンヌと比較して斬新でユニークな顔ぶれをそろえていたが、学生のほうもまたそれに劣らなかった。フランソワ・ドッスは一九六七年一〇月にナンテールで人間諸科学に関心を持つ学生たちの集会があったときの挿話を伝えている。アラン・トゥーレーヌが学生たちにかれらはとても重要なことを学ぶことになるだろうというと、コーン・バンディが手を挙げて立ち上がり「トゥーレーヌ先生、あなたは列車をこしらえるだけでなく、それをレールの上に置いてしまおうというのですね」といって、集まっていた一二〇〇人の学生たちを笑わせたというのである。

このときのトゥーレーヌは四〇歳をこえてまだまもない。博士論文をほぼ完成させて意気揚々としてのナンテールへの着任だったことは想像にかたくない。「一九六六年から六八年にかけての時期、乱雑さのなかで、未完成の美しいとはいえない建物の中で、私は新しく力を与えていくようなあるダイナミズムの雰囲気を感じていた。社会学の学科においてまたそのほかの大部分の学科においても、教育するものと学生たちの関係はすばらしかったし、とくに教授たちのもとでは全般的に革新の意気込みが示されていた」とかれは『歴史への希望』[14]でいっている。

活発な学生たちと教師たちの意気込みは批判精神も旺盛ということである。一九六八年の前年から、学生たちによる大学批判などの動きは散発的にあったようだ。一九六八年の三月になると学生たちは学生寮での男女の交流の制限を問題にし、またキャンパス内での政治活動の自由を要求するようになり、三月二二日にコーン・バンディをリーダーの一人とする一四二人の学生たちは大学本部の建物を占拠したのであった。そして大学のすべての教授・学生を含めての集会・討論・交渉が講義の停止されたキャンパスのそこここで繰り広げられていく。フランスの大学のなかでは教授と学生の距離は大きかったし、急増したマスプロ学部ではさらに接触の機会はなかったから、こうした場で初めて身近に教授と話をする経験をもった学生も少なくなかったのである。今日でもヨーロッパ議会の議員になっているコーン・バンディとトゥーレーヌは親交を保ち続けているようだが、当時もトゥーレーヌとコーン・バンディの関係はよかったようだ。社会学科内では個人攻撃はなく、学科長をしていたトゥーレーヌに、「あなたは学科のことに専念してください。私たちは政治に専念しますから」とコーン・バンディは請け合ったという。紛争がナンテールのキャンパスの内部にとどまっていた期間はそのように友好的だったのである。

2　五月革命

五月革命と呼ばれる一連の事件についてここで詳しく立ち入ることはできないけれど、もうすこし続けてみるとこうである。四月中はナンテール校舎内にとどまっていた学生たちの運動は五月になるとソルボンヌにも拡大する。五月三日にはソルボンヌの中庭で、各種学生組織の呼びかけで大規模な集会がもたれるのだが、ソルボンヌの大学当局は警官隊を導入してこれを排除してしまう。中庭から閉め出された学生たちはカルチェ・ラタンの各所で敷石や火炎瓶をなげ、警官隊は放水や催涙弾で応酬するという衝突を繰り広げた。このような大学や政府の動きに対してマスコミや世論は学生支持にまわりパリでは大規模なデモがもたれるし、オデオン劇場やソルボンヌ以外の市内のキャンパスでもデモと集会は拡大する。また、学生たちの大学占拠とストや集会は地方の大学にも広まる。そして五月一一日夜のカルチェ・ラタンで学生と警官隊の大きな衝突に至るのである。ところで、五月革命の展開はこのころから様相が変化してくる。初め大学生たちの教育環境や制度についての改善要求の運動であったものが、要求の内容は経済成長によりもたらされた豊かさ、つまり消費社会の生活スタイルや環境や景観の破壊などを問題とし、そしてまた第三世界との連帯を語るものになってくるのであるが、工場の労働者の側でもこれに呼応して工場を占拠しストに入るという動きがみられるようになったのである。フランス国営放送からルノー社の工場へと、パリから地方へとこの動きは拡大し、五月の後半二週間にはフランス全土で経済活動がマヒしてしまうことになったのである。

なぜフランスでこのような出来事が生じたのであろうか。コロンビア大学やカリフォルニア大学バークレー校で、あるいはベルリンや東京でも同じように大学占拠やストはみられたし、キューバや中国、ラテン・アメリカやベトナムでの民族解放運動の動きもめざましかったことがある。これらの世界的な動きと結びついていることはもちろんある。しかし、他の先進諸国では労働者たちは学生と連帯することはなかった。なぜフランスではこのような展開がみられたのであろうか。フランスの社会学者たちはまだ五月革命の事件が続いているうちから分析を試み、説明を与えようとした。この一連の事件のうちにはさまざまな要素が含まれているから、どこに焦点をあわせるかで説明もさまざまとなる。六〇年代の大学進学者の急増、旧態依然たる大学システム、教育内容と社会の求める需要とのずれなどに目を向けるならブルデュー*とパスロンの『遺産継承者たち』[25]のいうとおりであろう。高等教育のシステムがじっさいにはどんなものであるか知らない家庭出身の学生たちは二流の学問分野に閉じこめられ、キャリアどころか就職できるかどうかの不安さえ抱く学生たちは、自分たちをはじきだす大学システムに反逆する。この反逆はまたエリチエの学生の叫ぶ消費社会の打倒とも合流している。あるいは学生から労働者たちへの事件の波及に関心をあわせるなら、次のようにもいわれよう。その前年一九六七年に政府は賃金政策について厳しい政策をとった。このため政府が決める最低賃金は平均賃金の上昇より遅れたしまた低い水準にさだめられたというのである。しかし労働総同盟など労組中央の指令なしに山猫ストが広がり出したとき、人々の議論は賃金要求をこえて、企業の構造、指揮・権威の様式、自主管理*、消費社会批判、環境保護などに移っていくのである。五月革命のなかでのストの拡大は労働条件や生活水準が顕著に上昇することと、リーダーをどのように選出するかをめぐり労働者のもつ不満が爆発したことで説明しうるのではないか。かつてトクヴィルは「生活苦が緩和されると不満の種がさらに増加する」といったが、そのとおりに成長による豊かさが人々の基本的な欲求を満たすに応じて、質的な要求が拡大されるようになったからではないか。豊かさとリベラルな雰囲気の高まりはフランス社会に根強く残る硬直した権威主義システムを攻撃するように導いたのである。アロンなどはこう説明した。

　さらにまた、もっと学生たちの運動に共感を示しているエドガール・モラン*の説明も想起されてよいであろう。六〇年代の大学で社会学には、社会を変革するために社会学を学ぼうとする学生と、斬新な流行の学問のイメージに引きつけられた学生との二通りの学生がやってくる。しかし、どちらも社会学を知るにつれて幻滅しかもたない。というのは社会学を学んだ先にある就職口は「人間的要素」のささやかな技術者というものであり、権力に仕える仕事でしかない。それゆえ、質問票の作成と調査の専門家にするこの学科＝制度から学生たちは逃れようとする。こうした学生たちはキャンパス内でのさまざまな異端的な流れのマルクス主義にその気分の理論的表現を見いだすことになるし、またそれとともにモラトリアムである青年期に特有の遊びの体験をもつことになるというのである。パリの大通りを大人数でデモ行進するなかでは祝祭的な気分が高まっていくし、バリケードを挟んで警官隊に投石し催涙弾を浴びるのは、フランス史で繰り返された行為の再現に思われようし、またゲリラ戦の再現でもある。そしてこの遊びは、ある意味でまじめさをも含んでいるとモランはいう。というのは警官隊との衝突はまさしく原始社会の若者が一度は体験しなければならなかった「成人儀礼」の試練の役割を果たしているとも考えられるからである。「原始の森のなかで成人になるための試練は恐ろしい悪しき精霊たちとの対決のなかで完成される。フランス国家の警官たちがこの役割を演じる。こうして大人の生活への本当の意味での入門が、つまり世界の残酷さと野蛮への手ほどきが完成される」。モランは五月革命のなかでの大学生たちの運動の意味をこのように説明して見せた。

3　新しい社会対立の出現？

これにたいしてトゥーレーヌの与えた五月運動についての説明はもっと事件全体についての体系的な考察を進めたものであった。大学生の置かれている大学の状況、また経済成長により急速に変化してくる労働環境と労働者の意識の進化の具体的な分析に支えられていた。そこから五月運動が工業社会がポスト工業社会へと移行していくとき、そこで出現する新しい社会紛争や社会運動の形を先取りして示すもの、というヴィジョンが示される。このことはモランの学生コミューン論と比較してみるとちがいがよくわかる。モランも五月革命のなかで学生たちのストやデモに呼応して工場の労働者たちがストに入り自主管理を主張したことにふれている。しかしモランによると、連帯してストに入ったのはまだ失うものをもつに至っていない若い労働者たちであり、それゆえかれの意識は学生たちに近かった。けれども当時の工場のなかでは労働総同盟*（CGT）などの労働組合や共産党の影響が強くそのコントロールのもとにあり、連帯を求めてやってきた学生たちの前で工場の門は閉められてしまった。ストに入った労働者たちの要求は従来の経済要求や労働条件の要求という方向に転換され、ついに政府の仲介で労働組合代表と経営者団体とのあいだで結ばれるグルネル協定*で収拾されることになったというのである。学生たちの進んだ意識が労働組合の改良主義のうちに回収されたというわけである。

　ところがトゥーレーヌは五月運動のなかでストに入った企業の労働者たちをかれじしんやその他の労働社会学者の調査にもとづいて検討し、モランのいうのとはことなる様相がみられることを明らかにしていく。そこにみられたのはモランのいうような労働者階級の欲求不満を満たすものとしての革命の神話と現実の経済的要求との対立ではなかった。いまだ若く失うもののない青年労働者と、生活の安定・賃金・住宅・休暇・家庭などを気にする中高年齢者の保守性との対立などではない。五月革命の展開するなかでストに入り最後までねばり強く結果を追い求めた企業の労働者たちはすぐれて現代的な最先端をいく企業に属していた。ナントにある航空機製造工場やフランス電力公社の発電所、ドンジュの精油工場などであった。これらの企業でストに入った労働者たちはたんに労働を中止したり工場の占拠を行ったりしただけではない。独自のスト実行委員会を作り労働組合によるコントロールをこえて、自主管理を要求し、じっさいに行うところまで進んだ。しかも中心になったのは自動車組み立て工場のラインに典型をみるような単純作業の人々ではなく、テクニシアン(「技師」の下で働く技能習得者。フランスでは「技師」はグラン・ゼコール出身者のみにあたえられる資格)など最先端の技術知識をもったり高い技能資格をもつ人々だったのである。あきらかにこれまでの労働組合運動と経営者・資本家の対立を軸とする資本主義的工業社会の対立とはことなる運動がみられる。新労働者階級論*をとなえるセルジュ・マレに共感を示しつつ、トゥーレーヌはそう論じるのである。これを大学での学生たちの反乱と関連させて考えてみるとどうなるか。なるほど大学進学者たちが急増し、またそれへの抗議という側面があることは否めない。しかし、社会の変化とともに大学の役割も変化している(変わることが求められている)のもたしかであり、大学は社会・文化的な価値（古典的教養）の保存の場ではすまなくなっている。大衆化した大学はまた新しい段階に達した生産機構の要求に結びつけられていて、そこでの社会的統合と操縦の役割を果たす人間を生み出すものとなっている。「人間的要素」にかんする技術者を初めとし、企業や行政により利用しうる人間を生み出す場となっている。新しい段階に達した企業や行政が作る支配システムへ自発的服従*する人間を作る場になっている。五月運動のなかで成長が生み出した豊かな社会、消費的生活スタイルが告発され、アナーキー的といえるほど自由、想像力がとなえられたのは新しい段階に達した企業と行政の形づくる支配のシステムとそれによる操縦が強く意識されたからではないだろうか。

トゥーレーヌによるならばまさしく出現しつつある新しい支配のシステムによる操縦ないし自発的服従へと引き込まれることへの拒否というところで、学生と先進的労働者のストは位相を同じくしているのである。こうした傾向が直ちに学生と労働者の連携を生み出したというのはいいすぎであろう。連携をじっさいにもたらしたのは雇用や資格に不安をもち、企業が押しつける拘束に反感をもつ若い労働者たちであったのだから。だが、そうだとしても現代的な産業のなかで高度な技能をもっている人々は管理の問題に敏感になっていて、かれらは企業が国際競争や合併、分社化などの問題で経営者が十分な処理能力をもたないときにはいつでもそれに対抗する自主管理を提起するようになっている。企業のなかで自らにかかわることの決定への参加を強く意識するようになっていて、そこから自主管理のテーマが支持されるようになっている、というのである。ここでトゥーレーヌが、五月革命のなかでの学生の要求が大学施設の設置や教授の増員ではなく、大学のあり方であるといい、労働者の要求が賃金や労働条件ではなく自主管理にその中心を移したといっていることに留意しておこう。五月運動は社会のあり方や企業のあり方、つまり社会的・文化的な方向を問題にするものだったのである。

このような文化的・社会的な方向を問題にすることは、六〇年代の成長のなかで姿を現してくる経済や行政が一体となって作る新しい支配システムとかかわっている。トゥーレーヌはこれを工業社会における支配階級であった経営者・資本家に代わるもの、ポスト工業社会における支配階級としてのテクノクラート（第五共和制の官界にはグランゼコール出身者の進出がめざましく、かれらはこのように表現された）というように表現する。しかし、ここでのテクノクラートという言葉は一九三〇年代のアメリカで論じられたような工業社会のなかで技術的知識の重要性の増大にともないその合理性に通じた技術者ないし技術者出身の経営者たちのもとへの権力の集中、そしてかれらがうち立てるもっぱら技術的合理性を基盤とする社会体制というようにうけとるとトゥーレーヌの議論を誤ることになろう。一九六〇年代のテクノクラートはヴェブレン*的イメージのものとは大きくちがう。「現代のテクノクラートは組織された経済・社会の体制のもとで、この生産機構のもつ力を、社会の一般的利益と見なす。資本家が自分の企業の蓄積・利益を経済成長一般と見なすように、テクノクラートはかれらの計画化と意思決定を社会発展と見なしている。このようなイニシャティブを実行するものとしてのテクノクラートは支配階級である。というのは、今日、経済成長と技術進歩を発動する主体は、合理的に編成された大規模組織、官庁と企業であるからである」[6]。これがトゥーレーヌがテクノクラシーについて与えている説明である。この説明の背景にはフランス的な特殊条件があるように思われる。アングロ・サクソン諸国では第二次大戦後の経済成長のなかでは政府の役割はそれほど注目されなかったのにたいして、フランスや日本では行政の役割は非常に大きかった。ドゴールが政権についてからの第五共和国では、ミシェル・ドブレが中心になって国家主導の経済近代化が進められる。その過程で古い保護主義的な指向の経営者、慎重さと古風なパターナリズムを特徴とする経営者は周辺に追いやられ、中心部の近代的産業ではグラン・ゼコール出身で、利潤の増大よりも企業規模の拡大に関心をもつ技術者層が中心になる。また政府の第三次*経済計画は急速な成長を促すことを目的とするが、この計画の実現のなかで国家は経済計画と地域開発を進め経営者以上に経済の革新を進める能力のあることを示したのであった。これは第四次*計画にも引き継がれるが「国は私企業がうまく機能しないばあい、新企業を設立する権限さえ手にしていた。高級官僚集団はこうして経済の規制において推進力を果たす」（P・ビルンボウム『現代フランスの権力エリート』〔13〕）のである。のちに近代化の達成につれ国家主導の傾向は後退していき自由主義的な発想による開発、市場と自由競争が優先されるようになるけれども、国家と近代化された大企業の間の関係は産業発展会議などの形を通じて密接であり続けるし、どちらもグラン・ゼコール出身者である国家と大企業のあいだでの人事の交流もよくみられるのである。このように六〇年代の成長はフランスでは政府主導の近代化という形を取るのだが、そこでは古い小経営者層などが切り捨てられていくし労働者たちのあいだでも階層分化が顕著になる。トゥーレーヌはポスト工業社会での新しい支配階級としてのテクノクラートの出現をいい、またそれによる支配と操縦に反対するものとして五月運動に立ち上がった学生と労働者を位置づけたのである。経済成長を通じて経済と社会の構造はすっかり変化する。もはや社会の中心的対立・紛争は労働者階級と経営者・資本家の対立ではない。ポスト工業社会でのテクノクラートとその支配に反対する新しい社会運動である。そして一九六八年五月の一連の事件はこのことを示しているのである、と説明したのであった。

4　戦後の社会学の再建

ポスト工業社会で出現しようとしている新しい社会対立の形を示すものとして五月革命を説明することで、トゥーレーヌはフランス国内をこえて広く知られることになるのであるが、じつをいえばこれに先行する時期のトゥーレーヌの労働社会学の仕事がこのヴィジョンを用意するものであったし、それはまた戦後におけるフランスでの社会学の再出発と深くかかわるものであった。トゥーレーヌは一九二五年に生まれた。医学教授を父とするきわめて知的で禁欲的な家庭で過ごしたことについては自伝『歴史への希望』で語っている。ちょうどグラン・ゼコールの受験準備をする時期はドイツ軍の占領下にあるパリで過ごしていて、ルイ・ルグラン校での授業は空襲警報のサイレンで中断されることなどがあったりしたようだ。一九四五年一〇月にエコール・ノルマル・シューペリウールに入学する。この学校ではのちに中世史学者として有名になるジャック・ルゴフと親しかったようだが、必ずしも勉強ばかりしていたわけではないらしい。ハンガリーに長期滞在したり、ノール県の炭坑夫たちのあいだにまざって生活する経験をしている。そのなかで労働の問題に関心をもつに至り、また当時刊行されて間もないジョルジュ・フリードマンの『産業機械化の人間の問題』[20]に出会うのである。そしてフリードマンにノール県の炭坑から手紙を出すのである。当時のフリードマンは国立科学研究センターのなかで、ギュルヴィッチとともに社会学研究センターを設け、そこで研究者を集め訓練しようとしているところであった。それでトゥーレーヌをエコール・ノルマルに復帰させ、教授資格試験を受けさせ、自分の研究グループのメンバーに組みいれるのである。フリードマンは産業における機械化が進むとそれが人間労働にどのような影響を与えるか、旧ソ連とアメリカの調査から考察を進めていた。労働の単純化、反復化などによる無意味化とともに、かつての職人的労働のもとにあった自然とのふれあいや技能の伝承などが失われていくことを文明論的にみていくとともに、そこからの脱出の道を模索していた。アメリカでのホーソン実験や人間関係論の展開についてフランスで最初に紹介するのはフリードマンなのである。そのフリードマンが社会学研究センターで編成するグループは当時のフランス国内で進んでいた産業の変化を手分けして調査しようとしていた。モーリス・ヴェリィはアルデンヌ地方の圧延工業、ヴィヴィアンヌ・ジャマティはドゥーブ地方の時計工業、ミシェル・クロジエはアメリカの労働組合を担当し、トゥーレーヌはビヤンクールのルノー社の工場を分担したのである。当時をふりかえってトゥーレーヌは「この工場では生産の古い形態と新しい形態が共存していて一種の博物館のような観を呈していた。非常に近代的な組み立て製造の方法が導入されたばかりであった」といっているが、この調査のなかで技術システムの変化と職業システムの変化を区別することで、フリードマンにより定式化された問題設定をこえる方向へ踏み出している。一九五八年にトゥーレーヌは国立科学研究センターから高等学術研究院（EPHE）第六部門（今日の社会科学研究学院の前身）に移る。この時期にはアンリ・デローシュ、リュシアン・ゴルドマン、ションバール・ド・ローウェ、ロラン・バルト、ピエール・ブルデューなどがあいついで高等学術研究院の研究主任（教授に相当のポスト）になっていて、この人事が次の時期のフランス社会学の研究のあり方をきめることになるが、トゥーレーヌもこのときに研究主任になっている。またこの時期は、高等学術研究院内にはションバール・ド・ローウェの社会人類学・心理社会学研究センター、アロンのヨーロッパ研究センター、フリードマンのマスコミ研究センター、ブルデューの教育と文化社会学センターなどが設置され、多くの社会学研究者を迎え入れていくのだが、このときトゥーレーヌも産業社会学ラボラトリー（のちの社会運動研究センター）をつくるのである。それぞれのセンターはまた独自の研究発表の雑誌をもつが、トゥーレーヌは一九五九年にミシェル・クロジエ、ジャン＝ダニエル・レイノー、ジャン＝ルネ・トレアントンらの協力のもとに『労働の社会学 *Sociologie du Travail*』誌を創刊している。

このように一九五〇年代から六〇年代初めにかけて社会科学研究院がフランスでの社会学研究の一つの中心として形を整えて、トゥーレーヌもその一隅に地位を占めるのであるが、この時期にかれは数多くの労働者意識の調査を手がけ、その成果はのちに『労働者意識』[4]にまとめられる。

この一連の調査のなかでかれは労働者意識、とくに労働組合の行動が四つの局面を経過していくのを示すのである。第一は一九世紀イギリスの綿工業にみられるような経済的防衛だけの運動、第二は革命的サンディカリズムでここでは労働条件より雇用が争点になっている、第三は両大戦間期にみられる階級的労働組合運動で、ここでは熟練技能をもつ金属工が運動の中心になっている。そしてそのあとでは近代化、機械化の導入とともに職業構成は変化してしまい、労働者はかつてのような一つのカテゴリーとしての地位を失い、組織のなかの地位や役割に解消されるのだが、このとき産業をコントロールしようとする労働組合の意識や行動もみられなくなる、というのである。それではポスト工業社会での労働組合の行方はどうなるか。トゥーレーヌにとってこれは大きな問題であり続け、一九六八年五月の運動がこれにそのこたえを与えたということなのである。もちろん、トゥーレーヌが創設した社会運動研究センターは労働運動の調査をこえて、フランソワ・デュベやミシェル・ヴィーフィオルカを初めとする協力者たちとともに新しい社会運動の調査と研究を進めることは、これからみるとおりである。

5　第二左翼の立場

アカデミックな世界での研究者としてのトゥーレーヌの活動とならんで、トゥーレーヌが行動する知識人であり、よくマス・メディアに登場する人であることもつけくわえておくのがよいだろう。たとえば、一九九九年三月一八日の『リベラシオン』紙には「コーン・バンディに誘われる第二左翼の孤児たち」という記事がでていて、その内容はもっぱら欧州議会で環境エコロジスト・リストのリーダーとなったコーン・バンディのブレーンたちを扱っている。ここで第二左翼という表現がでてくるが、知識人としてのトゥーレーヌの活動はこの立場とかかわっている。一九七一年六月のエピネー大会でミッテランを委員長に選出し、そのあと共産党とのあいだで共同行動綱領*を作り、フランス社会党は七〇年代を通じて次第に勢力を回復しついには共産党を追いこすのだが、共同行動綱領の内容は主要企業の国有化であり、国家による経済のコントロールという古いマルクス主義的なものであった。社会党内にはさまざまな流れがあり、共同行動綱領がこのような内容のものになったのはこの時期にミッテランが最も原則マルクス主義的なシュヴェーヌマン派*と手をむすんでいたことによるのが大きいのだが、ほかにも市場と再配分を結びつけた社会ヴィジョンを考えるミシェル・ロカール*の流れもあった。この流れは国家の規制や介入よりも市民社会の諸関係を優先させ、介入するとしてもできるだけインセンティブによる誘導を考えていたといってよいだろう。トゥーレーヌはフランス民主労働連合(CFDT)のエドモン・メールとともにこの流れに深くかかわっていて、この立場の人々が七〇年代に出していた雑誌『フェール』にしばしば寄稿したし、ロカール派の知識人に開かれていた進歩派のニュース週刊紙『ヌーヴェル・オプセルヴァテール』でも、国民議会でのエコロジストの進出からメキシコ・チアパス州の原住民の反乱と民主主義に至るまで、機会あるごとによく発言している。ロカールが事実上引退した後、ロカール派の人々は四散してしまった。一部はジョスパン派にいき、現首相のジョスパンはこの流れの主張してきたテーマをいくつか取り上げているものの、一方では新自由主義の政策に走り、他方では外国人労働者にきびしく対処する法案にみられるように、彼の立場はシュヴェーヌマンに近い第一左翼なのである。グローバル化や欧州統一通貨の発足をひかえて問題の山積するなかで、第二左翼の再結集はフランスの政界・マスコミ界で関心をもたれているが、一九六八年五月の運動のなかにいた教授と教え子はこの状況のなかで再び脚光を浴びているのである。

第2章 理論装置と社会運動論

EN ATTENDANT
LA CYBERNETIQUE
LES FLICS

Camarades!

Gruppin la matraque» épaulé par son Bouricaud » soutenu par les arguments des Morin & Touraine » a donné la mesure de ce qu'il veut bien «désavouer» en plaçant son ghetto et leurs rackets sous la protection de la gendarmerie».

Les Accords du Latran qui régissent ce vieux monde et son université modernité avouent leur ultima ratio » leur raison d'état: le recours à la violence policière éclaire les conditions réelles du «dialogue» sur le campus». Abus de confiance à gauche » Abus de pouvoir à droite».

« Pour tirer l'esprit du cachot
« Soufflons nous mêmes notre forge,
« Battons le fer quand il est chaud
(L'Internationale)

Nanterre» le 29 Janvier 1968

1968年1月に出されたナンテール校の
パリ大学の学長を批判するビラ

1　理論装置

(1) それじしんを生む社会

五月革命のなかで運動を展開しストを拡大していった人々の動きのなかに、その動きを促進させた構図のうちには資本主義的工業社会における中心的対立とはなにか段階のちがうポスト工業社会での社会対立・紛争がみられるというのがトゥーレーヌの議論であった。この議論は『行為の社会学』（一九六五）[3]から『社会の自己産出』（一九七三）[8]にかけてかれが構築していく理論と深くかかわっているし、この見解にもとづいて一九六〇年代末から一九七〇年代にかけて出現しその活動が注目される女性運動、地域運動、反原発運動ないし環境保護運動を、ポスト工業社会の社会対立の中心的担い手となる新しい社会運動ではないかとして、トゥーレーヌとそのグループは精力的な調査を進めていくことになるのである。

ポスト工業社会における社会対立の中心的担い手として新しい社会運動を位置づけさせる理論の出発点となるのはトゥーレーヌ独自の行為理論である。社会的行為の理論について『行為の社会学』でパーソンズやウェーバーの理論の検討をすでに行っていた。そこで価値と規範を社会的役割として内在化しているような行為者が、相互行為のなかである目標をめぐりその役割を実現していくということが否定されるわけではない。しかし、トゥーレーヌにはそれだけでは不十分に思われたのである。社会的行為者はなぜ個人のレヴェルにとどめられているのか。集団やコレクティヴィティのレヴェルに拡大されてもよいであろう。また価値と規範により行動がコントロールされているなら社会秩序の再現は説明できても、社会変動は説明できないだろう。トゥーレーヌは「一つの社会というものは定常的な機能運行に、そこに存在している規範やサンクションの集合などに、一致するということはない。社会というものはそれ自身において、乗り越えの活動をつねにはらんでいる」と考えるのである。社会は自己完結したシステムで同じ秩序を反復しているのではなく、自らを作りかえていく、トゥーレーヌの用語でいうなら歴史形成行為へ進んでいく、そのような変動するものとして考察されなければならないのである。しかし、このことは社会的行為者のレヴェルから一挙に社会のレヴェルに引き上げるということではない。個人は内面において引き裂かれていることもあるとはいえ、行為においては統一性をもち、一つの意思のもとでその行為はコントロールされている。しかし、社会がそれ自身の状態を乗り越え、変動を進めているといっても、それは単一の意思によりコントロールされているわけではない。ポスト工業社会では行政と大企業（およびそのもとで働く組織労働者たち）は社会的支配のブロックを形成し、その頂点に立つテクノクラートはその社会の将来ヴィジョンにそって社会の改造を進めようとしている。しかしその企てはなんらの反対や障害に出あわないというわけではない。大企業の管理者たちはその組織内の中堅カードル（企業・官庁の管理職層）たちから管理方針について異議を申し立てられるし、中央官庁の官僚たちによる地方開発計画はその地方の住民たちの反対に出会う。いうまでもなく一つの社会は行為の主体として想定できても、それが単一の意思をもち、決定を下し行動するような存在とは考えられない。社会がそれじしんを乗り越えていく行為者であるとしても、その内部の人々は相互に対立し紛争する多様なカテゴリーに分割されており、まさしくこの多様なカテゴリーのあいだでの対立・紛争そして相互批判による視野の拡大こそが社会変動を生み出すのである。トゥーレーヌが社会による社会の自己産出という用語で表現しようとするのはこのことに他ならない。そうだとすると、社会をそのまま行為の主体ととらえることは不適切ということになる。そこで『社会の自己産出』ではトゥーレーヌはこれを歴史行為システム（SAH）といいかえている。社会は一つの主体としてではなく、さまざまな集団やカテゴリーの人々が相互に対立し、紛争を展開する場と考えられなければならないのであるが、この場においてさまざまな集団やカテゴリーの人々は認識モデル、蓄積様式、文化モデルを示し、あるいはその影響力、正当性をめぐってゲームを展開するというのである。

この理論はそれゆえ社会を価値と規範からなる役割を内在化させた行為者たちがその相互行為のなかで秩序を作り出し反復するというコンセンサス理論と、集団やカテゴリー間の対立や紛争こそが社会の中心的プロセスをなすとする*コンフリクト理論という二つの理論の流れのなかで位置づけるならばコンフリクト理論の流れに属すといえようが、社会産出の方向を提示しあう行為者たちのコンフリクトによってこそ社会は活性化され、新しい方向が決まってくるとするものなのである。だから、マルクスからルイス・コーザーへと至る流れとはかなりちがっている。マルクスは資本主義社会における基本的対立を資本家とプロレタリア労働者の階級対立としたのだが、この対立は剰余価値の配分をめぐるものであり、マルクスの目標は剰余価値の搾取のない社会の実現であった。これがじっさいの労働運動のなかでは賃金引き上げや労働条件の改善要求となっていったこと、それが福祉国家へと至る一連の社会的成果をもたらしたことは否定できない。しかし、トゥーレーヌの考える社会対立・紛争はそのような物質的・経済的な要求をめぐるだけものではなくて、社会のあり方、自らの社会をどのようなものにしたいかの方向、それをめぐるものなのである。トゥーレーヌがこのような議論をするに至る経緯については、もう少し説明がいるかもしれない。それはトゥーレーヌじしんの労働社会学の調査で得ることになった「コントロールの労働組合運動」の考え方と一九世紀以来の社会科学の展開についてのかれの見方と結びついている。行為主義の立場は歴史のなかで現代社会を特徴づける新しい意識の出現にその根拠をもつとかれはいうのである。一九世紀の階級闘争の経験のなかから社会学は誕生するのだが、このばあい階級闘争は社会的搾取の意識、疎外の体験から生まれている。そして、それと同時に資本家たちにより生産された商品は市場にもたらされるのだが、市場は個人の力をこえた価値法則の貫徹する場である。人々は個人の能力をこえた物象化された諸力にほんろうされ隷従するほかはなかった。トゥーレーヌによると資本主義的な工業社会とは市場力、生産諸力のコントロールされない発展が支配する社会なのだが、それもいまや終わりポスト工業社会が始まろうとしている。この新しい段階の社会では、フランスの五〇年代から六〇年代にかけての国家主導の経済発展にみられるようにコントロールされない生産諸力にかわって中央官庁で策定した第三次計画・第四次計画などのような経済的・政治的意思決定が重要になっている。政府レヴェルでのこのような変化は各企業の組織レヴェルでは工場内の労働の効率的組織化のみでなく、製品の販売をめぐり市場調査の技法の導入によりこの面でも組織化が進められる。組織化が進められるとは内部・外部の環境変化の把握にもとづき意識的な目標の実現をめざす意思決定がなされるということである。つまり、工業社会では生産方式のうえで量的拡大を効率よく進めることをめざせば十分であったが、ポスト工業社会では目標実現のため意識的かつきわめて戦略的な意思決定が重要になっているというのである。五月運動のなかでストに入った先進的産業の労働者たちが自主管理をとなえたことはこのことに対応している。この点について『社会の自己産出』でトゥーレーヌは次のようにいっている。「諸々の社会は自身を自身の働きの産物であるとみずから認識するようになるとき、社会的所与の集合と思われていたものが社会的行為の結果とみなされるようになるとき、つまり意思決定・相互交渉・紛争の結果であると認識されるとき、諸々の社会は自らを社会的な仕方で認識することを学ぶのである」。

(2) 方向への参加・行為主義

この見方は『行為の社会学』[3]で示されるトゥーレーヌの行為についての考え方と対応している。個人のレヴェルでの社会的行為を考えてみてもそれは個人のうちに内在化されている価値と規範を実現することにとどまらない。現にある自分を乗り越えていくという企てを含んでいる。ある理想とされた自分や社会のあり方の方向を含んでいる。そして行為が分析されるのはこの方向性をめぐってであるというのである。とはいえこの点についての説明はトゥーレーヌじしんの行っているものよりかれの協力者であるフランソワ・デュベの説明のほうがわかりやすいかもしれない。デュベは一九八〇年代、生徒数が急増し問題の噴出したリセ生徒たちの調査を行うなかで、次のようにいう。デュルケムは学校教育の機能をなによりも市民教育＝社会化と定義し、それゆえ秩序の反復と考えたけれども、じっさいに学校でなされていることはそれをはるかにこえるいくつもの機能を同時に果たすことである。膨大な知識の世界からどれを学校で教えるにふさわしいものとして選び出すか。この選択は価値や行為者のタイプ、あるいは理想的な市民をどのような存在として考えるかということと結びついている。つまり、共和主義的学校という一つの哲学的・政治的な企てでもあるのだ、というのである。教育は社会化や適応のための機関であり、ルーティン的活動とみなされがちだが、ここにも方向をめぐる対立は含まれている。また行為主義の視点はマグレブ（チュニジア、アルジェリア、モロッコの三国をさす）系外国人労働者たちの二世の若者たちのもとでみられる「ガレール」を分析するときにも役立つとデュベはいう。マグレブ系の若者の大部分はフランスの学校教育のなかで落ちこぼれる。ただでさえ人種差別がありまたフランスでは失業率は高いから、この若者たちは外国人労働者たちの吹き溜まり化した大都市近郊の団地内でぶらぶらし、非行や軽犯罪などで時間をつぶすしかないが、この状態がガレールと呼ばれるものである。これまでの社会学では、非行少年のマージナルな暴力的な行為は統合の欠如や不十分、コントロールの弛緩、アノミー、ステイタス・クライシスあるいは社会解体のあらわれとして説明されてきた。要するに、これらの行動は規則やコントロールの過剰ないし欠如から生じるとされてきた。しかし、社会は統合のメカニズムにつきるわけではなく、社会のレヴェルでも個人のレヴェルでも、現にある状態を乗り越えようという企て、方向性の要求をもっている。社会のなかで個人がなんらかの社会関係に入り、確信をもち、参加するのは利害やステイタスの防衛だけからだけでなく、ある文化的方向を選び取りコミットしているからである。しかし、それは個人のレヴェルでの選択と社会のレヴェルでの企てがうまく接合されないとトゥーレーヌのいう意味での社会運動としてうまく発展していかない。K・ケニストンが『アンコミテッド』〔26〕で分析した一九六〇年代のアメリカの中産階級の知的な若者たちがその一つの例である。ところでガレールの若者たちのもとではフランスの社会での歴史形成行為が衰退していることが、同じような結果をもたらしている。一九八〇年代のフランスでは労働組合の組織率が低下し運動は弱体化、議会システムの機能不全、ユートピアの枯渇、新しい社会運動の不在などが顕著である。このことは若者たちに自分たちが支配されているという感情をもたせるが、この感情は若者たちを行動に促すことはない。「というのはそれはいかなる明確な社会関係をめぐり結晶化されることもなく、社会についての組織だった表象と結びつくことがないから」。つまり、個人的な感情はそれを社会運動へと結びつけ導くようないかなる方向や企ても見いだせない、というのである。それで若者たちは社会対立・紛争よりも怒りに、文化批判よりもニヒリズムに、とらえられることで終わってしまう。ポスト工業社会において中心となる社会対立・紛争は社会の方向性・企てをめぐるものだとトゥーレーヌがいったとき、かれが具体的に示していたのは六〇年代のフランス経済発展のなかで中央官庁の官僚たちの示した第三次計画・第四次計画と、それに対抗してフランス民主労働連合（CFDT）とそこに結集した知識人たちの作成した対抗計画、という二つの社会ヴィジョンの対抗であった。これは社会レヴェルでの方向性をめぐる対立であるけれど、このような方向をめぐる対抗は組織のレヴェルでも個人の社会的行為のレヴェルでもみられ、分析の枠組みとして用いることができるのである。トゥーレーヌの行為主義の構想はそのようなものであった。

(3) 歴史性

そして、この行為主義の立場、つまり個人の社会的行為においても社会をある好ましい方向に向かわせようとする運動間の対立や相互批判から社会の活性化と自己産出が生じるのだとする立場を示すために、トゥーレーヌは「歴史性」(l'historicité) の概念を導入する。歴史性という言葉は耳なれないし誤解されやすい。そのためのちの『近代性の批判』[26]では「私が歴史性について語るとき、私は歴史的経験の創造について語っているのであって、歴史進化論や、精神や生産力の発展段階のなかでの位置について語っているのではない。おそらく、本来の意味に反して私がこの言葉を用いたのが誤りであったのだろう。いずれにせよ、進化論的ヴィジョンと手を切るために、この用語は意識的に選択されたのである」といっている。社会のなかでの人々の運動が対立するなかで、相互批判がなされ視野の拡大がなされ、活発化する社会経験をトゥーレーヌは歴史性という言葉で表現しようとしたのである。

トゥーレーヌの著作を追っていくと歴史性の説明にはたしかに揺れがある。たとえば『歴史への希望』[14]では「歴史性は諸階級の行為の場である」、「歴史性は社会によるそれじしんの産出」、「階級関係の賭金は歴史性のコントロールである」、「もっとも直接的な仕方での歴史性にかかわる行動は社会運動である」とされている。他方、『近代性の批判』では「それによって一つの社会が認識・生産・モラルの領域においてその規範を生じさせる文化モデルの集合」と定義され、「社会運動間での対立・紛争の賭金を構成するモデルである」と説明される。さらにまたトゥーレーヌは「歴史性が強い社会」とか「歴史性のさまざまなレヴェル」という言い方もしている。しかし、トゥーレーヌの説明を注意深くたどっていくと、歴史性の概念が適用されるのは社会の機能運行の分析（共時的分析）においてであって、社会変動の分析（通時的分析）のなかではないのがわかるだろう。『社会システム論』で展開される構造機能主義は共時的な軸にそって社会の機能運行を分析する枠組みであり、それゆえ社会変動の理論がないと批判された後期のパーソンズが社会変動論に新たに取り組んだことはよく知られている。パーソンズを批判するトゥーレーヌは、なぜ歴史性が変動の分析にでなく、機能運行の分析で用いられるとするのであろうか。『歴史への希望』ではアナール派*の歴史学の方法が想起されている。人々の心性とか意識は非常に長期間にわたって存続するが変化しないわけではない。歴史家たちは一見したところ変化しないようにみえるが長い時間の幅でみれば変化するものを、一つの安定的な構造（要素の組み合わせ）とみ、ある構造が別の構造に移行すると考えようとした。歴史の流れのうちに構造をみるのである。トゥーレーヌはこの方法を逆にする。ポスト工業社会は「熱い社会」である。つまり、変化はめまぐるしく事件や新しい現象も次から次へと起こる。事件の継起を追いかけ方向を考察するのでは変化の方向を正確にとらえることは期しがたい。それより時間の流れをある時点で輪切りにし、その断面をみる（共時的分析）。その断面のうちにみられるさまざまな社会的行為や社会関係間の対立や緊張関係とその強さをみることによって、社会の方向はとらえられるのではないか。このとき熱い社会に濃縮されている歴史性は、さまざまな方向の対立や緊張の強さとして明らかになる。歴史行為システムが三つの対立の対を軸に構成されているのはこのためなのである。

まずトゥーレーヌのいう歴史性の概念の説明からみていこう。歴史性を構成するのは認識様式、蓄積様式、文化モデルの三つである。

①認識様式――社会が社会にたいして働きかけるというとき、対象としての社会をどのように認識するかということである。自然にたいして働きかけるばあい、コントの三段階の法則を想起してみよう。人々が自然を神々により操作されていると考えるとき、働きかけは神々への祈

りや供物によりなされようが、科学的世界観の時代には自然法則を意識的に適用することによって行われる。科学的世界観の時代でもダーウィンの進化論、メンデルの遺伝理論、今日の遺伝子組み替えというように、自然の認識の様式は変化している。同じことは社会の認識についてもいえるわけで、この意味では認識様式は自然と社会にたいする人間の働きかけの能力のレヴェルを反映し表現するものである。トゥーレーヌによると、この認識様式のそれぞれのあり方が技術により組織された社会としての秩序を与え、人間の経験そのものに反作用をもたらすのである。認識様式は解放をもたらすことも隷従をもたらすこともあり、それじしんが直接に社会的行為の方向を決めるものではない。

②蓄積様式——これは一つの社会で生産される消費可能な生産物の一部が控除され、社会活動のなかに再投下されるということであるが、再投下はなんらか文化的意味や方向にあわせて行われる。工業社会に近づくほど、蓄積は生産的投資と同一視されるが、歴史性のレヴェルの低い社会では必ずしもそうではない。古代社会の神殿や聖職者たちの生活、中世における城館や宮廷の生活は、社会的剰余の吸収に支えられている。蓄積の様式が重要になればなるほど、その様式は生産条件を変化させる。蓄積が弱い社会では集められた社会的剰余は経済活動に環流しない巨大建造物などに投下されるが、工業社会ではテイラーシステムにみられるよう

な労働の組織化や規模の拡大に振りむけられる。

③文化モデル――社会が社会に働きかけるというとき、現にある機能運行から距離をとって考察する、操作するということを含んでいる。トゥーレーヌによると、この距たり、距離をとること、現にあるものとはちがうあり方のヴィジョンやモデルを示すことはすぐれて文化的なことである。すべての社会の性格は、この文化モデルによりどのように方向づけられるかで示される。歴史性が非常に強い社会では、社会創造力のとらえ方はすぐれて実践的であるのにたいして、歴史性の弱い社会では社会の創造力は非実践的で宗教的ないし形而上学的な人間の手の届かないところにあるもの、絶対的な力を持つものとしてとらえられる。文化モデルと認識様式はことなるもので、社会の再生産と社会の自己産出との距離を示すものである。

(4) 工業社会とポスト工業社会

社会の自己産出能力をこのような分析枠組みで押さえるとポスト工業社会が先行する諸タイプの社会と比較してどれほどちがっているかが明らかになる。農業社会や商業社会とトゥーレーヌがいっているのは社会の進化的発展を考えているためではなく、ポスト工業社会の独自性を示すため比較モデルとしてにすぎない。農業社会では社会的剰余は農産物と若干の生産手段としてしか存在しないし、そこでは人々は社会と宇宙をつらぬく秩序ないし法則を信じていた。自然の秩序と同じように社会にも秩序があり、四季の循環と同じような反復が支配していると社会がイメージされるならば社会の自己産出能力はごく低いところにとどまらざるをえない。商業社会のイメージは一六世紀から一七世紀にかけての地理上の発見と大商業化の時代が考えられているが、ここでは社会的剰余の蓄積と配分でかなり進歩がみられる。商業簿記や遠隔地間での手形決済や危険分散のため合資会社などの会社組織の形態が考案されたし、職人的生産も問屋による前貸し制度などにより大規模かつ組織的になっていったから。しかし、この時期の人々の世界観・社会観は古典主義時代の哲学にみられるもので、重商主義の政策がとられるしまたそれはこの世で支配する理性の秩序という観念に支えられていた。ここで社会の自己産出の能力は農業社会よりは高まっているが、人々が独自の文化モデルにより企てをなすというようにはならない。次の工業社会になるとかなり様相がちがってくる。投資はなによりも生産過程に向けられるのである。市場での競争は個々の資本家や企業をして技術革新により特別剰余価値の獲得の機会をめざさせ、そのことは社会全体の技術レヴェルを高めさせる。生産技術だけでなく工場のなかでの労働者および作業の配置についてもテイラーシステム*、フォードシステムのように改良が企てられ、大量生産・大量消費の時期にはこれが決定的な意味をもつ。このことは工業社会の人々の認識様式にも決定的な影響を与え、社会の変化は工業的生産力の増大により規定されるとし、生産力の発展こそが社会をより上級の段階へと導くと考えさせたのである。文化モデルでいえば資本家たちは市場での競争によって合理性が実現されるという文化モデルであり、労働者運動の側では市場の盲目的な力により人々の生活がほんろうされることにたいし、社会的協同の連合を組織し、それを管理し、計画的な発展を行うとするモデルが対置されたのであった。だから、農業や商業の社会と比較すると工業社会では社会の自己産出能力は高まり、資本家と労働者運動の対立は当事者たちがそのように理解していたかどうかは別として、文化モデルを賭金としていたのであり、この対立・紛争が社会を動かし進化させていたのだということになる。

工業社会とポスト工業社会ではなにがちがってくるのであろうか。トゥーレーヌによればプログラム化である。なるほど工業社会でも工場内部でのテイラーの提唱した科学的管理法にみられるように労働組織化が精力的に進められていた。しかしそれらの産業活動は個々の企業や資本家の裁量に委ねられていた。ところが一九五〇年代末から一九六〇年代前半のフランスの経済成長では政府がフランスの産業発展の方向についてのプランを作り、強力に産業育成に介入し、指導していったのである。そこでは計画策定のため統計資料を集め整備するための部署や研究所が設立され、マクロ経済モデルが作られたが、それ以外にもさまざまな社会指標がとりいれられた。そしてこの計画にそって社会的剰余の再配分が進められたのである。この動きは国家計画レヴェルだけではなくそれぞれの企業の内部でも同様に進められる。市場動向について調査が行われそれにもとづき製品開発の戦略がたてられ、工場での生産管理よりもこの研究・開発や金融の部門が重要になってきているのである。このようなプログラム化の進展はその他の面でも大きな社会的な変化を生じさせた。国家主導色の強い第三次計画・第四次計画からそのあと国家の役割が後退し自由主義的なものに転換していったことにみられるように、いったん国家主導でより強力な企業を単位とする産業体制がつくりだされると、あとは大企業の裁量に委ねられ、政府はその協調を誘導するだけになる。このことは国家の後退にみえるけれども、グラン・ゼコール出身者が官庁や大企業のトップに入り、相互の交流が進むという状況では政府と大企業とを軸とする新しい社会的支配のブロックが完成したということに他ならないのであるし、大企業従業員や公務員を中心に組織されているフランスの労働組合もまたこのブロックに組み込まれているということなのである。ポスト工業社会では労働者運動は既得利益の防衛の勢力となっていて、かつて工業社会で果たしていたような進歩という普遍的価値の担い手ではなくなっているとトゥーレーヌがいうのはこのためであり、デュベがマグレブ系青年のガレールについて、労働組合運動の不在を指摘するのもこのゆえなのである。こうなってみるとポスト工業社会の一方には、ますますプログラム化を進める社会的支配のブロックがあり、他方ではそこから排除されるか隷従をしいられている人々がいるという構図が浮かんでくる。じっさいには社会的支配のブロックの内部でも異議申し立てと批判はさまざまな方向や文化モデルをめぐって生じるからそれほどかんたんではないけれども、トゥーレーヌがポスト工業社会では社会の自己生産能力が飛躍的に高まるゆえにテクノクラート　対　新しい社会運動という新しい対立・紛争の構図が生まれてくるといったのはこのためなのであった。

(5)歴史行為システム

歴史性とその三つの構成要素をみ、またこの枠組みにより工業社会とポスト工業社会における社会の自己産出がどのように独自であるかをみたあとでは、トゥーレーヌのいう歴史行為システム(SAH)をみておかねばならない。なるほど社会は社会自身に働きかけるのであるが、その働きは社会のなかにいる人々の活動への影響力として現れ、その影響力とはトゥーレーヌによると三組の対立する要因の組み合わされた場のなかで働くのである。この場が歴史行為システムでその三組の対立する要因とは、運動と秩序、方向と資源、文化と社会である。

①運動と秩序――歴史性はそのものとして表現されることはなく、それが表現されるのは社会関係のなかでである。社会関係はまず秩序としてとらえられるが、トゥーレーヌによるとそれだ

けでは抽象的であり、社会の機能運行しかとらえることができない。社会関係は秩序と運動の対立・緊張としてある。トゥーレーヌの歴史行為は社会秩序を乗り越えようとするたえざる運動ないし純粋な運動と誤解されることがあるが、歴史性は社会秩序をつくり、その後でそれへの乗り越えの運動をつくり出すのである。

②方向と資源――人間の活動はいつでも方向と資源からなる。自然科学は自然の物性や法則を明らかにするが、それを利用し適用しようとする意図・文化的方向を教えることはない。社会のなかの人間のあり方についても、再生産の役割を果たすこととある方向へ働きかけることとの対立がある。歴史性の弱い社会の宗教的タイプの文化モデルは、その存続を保障する共同体や親族交換モデルの強度の構造化と結びついている。反対に工業社会では社会が社会に働きかける力は非常に大きいが、それでも歴史性に限界なしというわけではなく、技術、人間の自然的部分、エトスやパーソナリティなど資源の側からの抵抗に出会う。

③文化と社会――トゥーレーヌによると文化と社会の二要素は、秩序と運動、方向と資源と同じ意味での対立をなすのではないが、歴史行為システムはこの対立項なしには構成されない。というのは、一方での環境にたいする働きかけ、他方でのコレクティヴィティにたいする働きかけは、社会の機能運行への歴史性の影響に他ならないからである。「一つの歴史行為シス

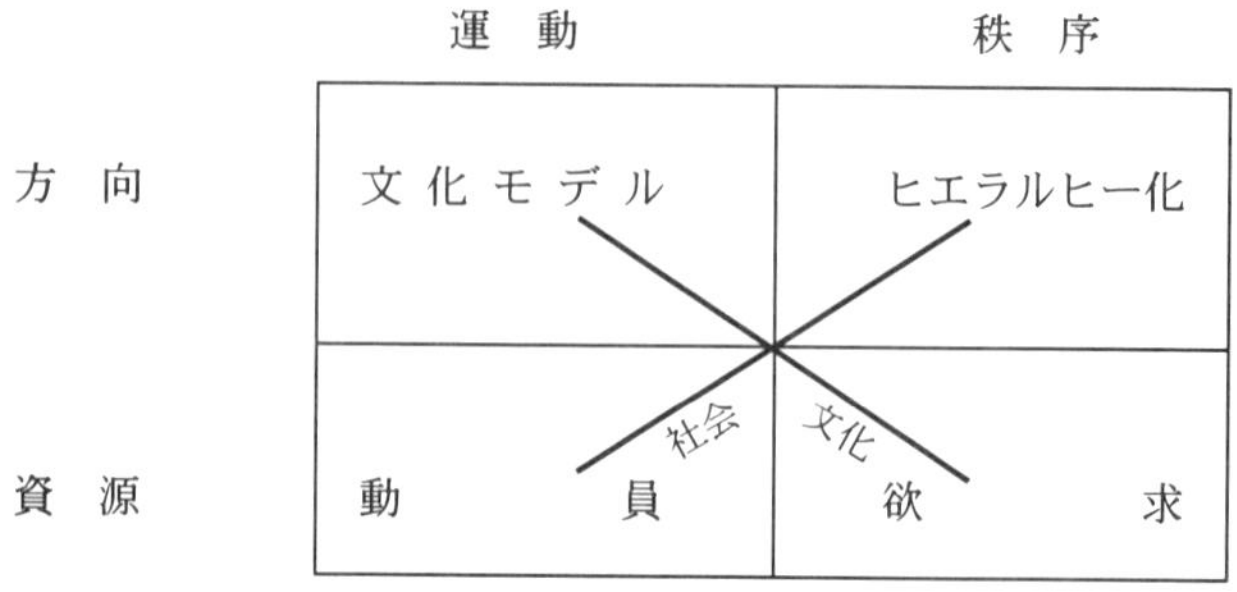

図1

テムは、地域、組織、あるいは政治の単位でもなく、社会の一つの意図でもない。それは社会のモデルであり、一つの文化であるとともに、社会の諸形式である」。そしてトゥーレーヌによると文化と社会（環境への関係と、行為者相互間での関係）のつながりは、秩序と運動、方向と資源の二つの対立軸と交錯するものとして示される。

それゆえ歴史行為システムはこれら三つの対立項ないし対立軸の交錯により定義される。このシステムは規範によって、またステイタスや役割の垂直的および水平的分化により規定されている社会組織とはちがうものであるし、また一つの社会を規制するコードでもない。機能運行のなかで、それに対して示される距離・方向であり、その緊張のつよさこそがとりもなおさず熱い社会での歴史性を共時分析で示しているのであるし、また社会のドラマの展開を示している。この歴史行為システムをトゥーレーヌは**図1**のように図示している。

ところでこのような理論構成で熱い社会のポスト工業社会をとらえるとして、ポスト工業社会における対立・紛争を分析するために社会的支配のブロック　対　新しい社会運動という図式だけでは十分ではないのは明らかである。階級という視点抜きでもはや生産手段の所有や剰余価値の配分をめぐって資本家と労働者が争うというのでなく、社会の自己産出の方向をめぐり対立がみられるというのならそこでの階級関係はどうなるのか。あらかじめ答えをいってしまうと、トゥーレーヌの考えではポスト工業社会では自己完結したカテゴリーとしての階級は存在しないけれど、階級関係は残るというものである。それゆえに支配階級と民衆階級とのあいだでの階級の弁証法が論じられることになる。

(6) 階級関係

もともとトゥーレーヌの階級についての考え方はかなり柔軟である。それはブルジョワジーといってもフランスではイギリスのそれとちがい「資本家と前工業的支配階級との間の根強い結びつきがみられ、獲得された富を継承される富へと変化させようとする」[6]傾向がつよい。産業利潤を地代に転化させようとする傾向がみられるという指摘にそれはうかがわれる。これは初期にたくさんの労働者意識調査をかれが行っていたこととかかわっているようだが、トゥーレーヌによると

「自己完結した資本家階級と労働者階級が、社会の一部利益をめぐり対立するという状況は、西ヨーロッパにおける初期の工業化のなかで一度だけ生じたことで、しかも他に例をみないこと」のである。一九世紀の労働者運動をよくみると単純な身体作業についている周辺的なプロレタリア意識の労働者と、古くからの職業団体・共同組織の伝統をひきついでおり階級利益とともに工業社会の合理性をめざす労働者意識をもつ労働者とははっきり区別されるという。その両者が一九世紀末から二〇世紀前半の労働運動のなかでは連携したから強力となり、トゥーレーヌのいう意味での社会運動になりえたのである。しかし、その時期を過ぎフランスの戦後の経済成長期のあとになると、生活水準の上昇とともに労働者たちは労働者街から郊外の団地へと移り、労働者コミュニティーの消滅とともに労働者階級に固有の生活様式もみられなくなった。また企業や公共サービスは巨大組織化しそのなかの人々のもとでは共通の利益要求ははっきりしなくなっている。「人々は情報コミュニケーションのネットワークのなかでの自分の地位、自分自身についての決定に自分が影響力をもっているかどうかに敏感になっている」[6]。そして労働組合も資格、給与、昇進などのシステムや労働条件改善について成員たちが企業管理に参加する機関となっている。こうして企業内での対立・紛争は階級対立・紛争としての性格を失うに至っている。だからここでは独立し完結したカテゴリーとしての資本家階級も労働者階級もいない。

しかし、企業や公共サービス部門がこのように巨大組織となり、労働者組合がそのなかに組みこまれているとしても、政府と大企業を軸とする社会的支配のブロックが成立しているところでは、経済発展の計画を策定しそれを実行していく権限をもっている人々がおり、この人々が「経済的権力を部分的に社会的必要の充足以外の目的に用いているばあい」[8]には、この人々を上位階級と呼ぶことができる。この人々は政府・行政あるいは大企業の指導者たちであり、成長と近代化をめざし、ある方向へと人々を誘導している。そして、他方には社会的文化的な統合の手段によりこの指導された変化のメカニズムに従属させられている人々がいる。それゆえ、自己完結した社会的カテゴリーとしての階級というはっきりした輪郭はもはやもたないのだけれど指導するものと従属させられるものという階級関係はポスト工業社会でも存在しているのである。

このように押さえたうえで、この階級関係を分析するための枠組みをトゥーレーヌは、上位階級と民衆階級の対立として示す。この対立は社会の自己産出の方向をめぐるもの（「その生産物のうちの一部が消費から控除され蓄積されるようなすべての社会は階級対立・紛争によって支配されている」）であるが、対立のあり方は一様ではない。

なるほど、上位階級の地位にある社会カテゴリーの人々は文化モデルに方向づけられて未来を指向する指導階級であることもあるが、それが自らに都合のよい居心地のよい秩序を作り上げ、それを維持しようとするようになると、その出自はちがったものであるのに、その遺産と特権を再び用い、支配階級として行動することもある。一九世紀フランスのブルジョワは貴族制を倒したものの貴族的なあり方を取り入れなかったわけではないのである。同じことは民衆階級の側についてもいえる。異議申し立て階級としての民衆階級は、未来についてのプログラムないしヴィジョンとしての対抗プランを提起するけれども、被支配階級としての民衆階級は職業的・社会的・文化的にすでに獲得しているものにしがみつき、防衛につとめるだけのこともある。トゥーレーヌによると一般に古い歴史行為システムからの抵抗、つまり古い階級関係が新しい社会階級に持ち込まれて、そのことによりひき起こされる抵抗は大きい。それゆえ、新しい階級対立・紛争においても、一九八年五月の運動にみられるようにアクセントは支配被支配の関係のうえに置かれる（経営者や教授会の権威主義の批判）ことが生じる。トゥーレーヌは『社会の自己産出』[8]では、労働総同盟などフランスの労働組合運動ではいまでも労働者主義の影響がつよいが、このことはポスト工業社会の新しい社会的支配にたいする反応よりも、古いタイプの資本主義に属する組織や権威の形態の存続にたいする反応であることを指摘している。「近代化のテーマは、過去のしがらみが最も重く、階級関係が生産システムよりも、政治・文化のレヴェルでつよく作用する社会でのほうが、はっきり示される」というところでは、経済外強制が強調されたわが国の戦後改革を想起すればよいだろう。

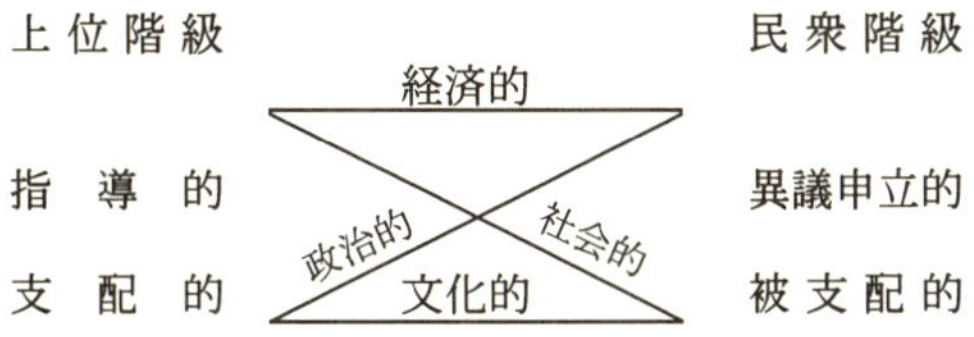

階級対立の様態

図２

要するに、上位階級は指導階級か支配階級かでありうるし、民衆階級は異議申し立て階級か被支配階級でありうる。社会が社会じしんにたいする働きかけのプロセスとして最も適切なのは指導階級と異議申し立て階級の組み合わせであり、トゥーレーヌが社会運動論のテーマとして取り上げるのは主としてこのばあいである。このばあいに、二つの階級の主張や要求として示される経済政策・管理様式は用いられている表現はいかに対立しているにせよ、相互に接近し新しい社会の要請に対応するテーマを扱うものとなるのである。しかし、組み合わせが別様であることもある。上位階級が指導的であり、民衆階級が被支配的であるならば、階級対立は変革勢力と既得利益防衛勢力の対立となる。トゥーレーヌのみるところでは、一九七〇年代初めの時点でのヨーロッパ諸国での労働運動と政府・経営者団体との対立はこの組み合わせになっていて、戦後の経済成長と社会変化のなかで労働組合運動は手にいれてきたものの防衛という性格を強めている。これとは逆に、上位階級が支配的であり、民衆階級が異議申し立て的であり発展をめざす対抗プランを用意しているような組み合わせのばあいでは、民衆階級は支配階級にかわって政権と国家装置をめざし、改革を進めようとするものになるから、この対立は政治的に（つまり政治権力をめぐるものに）なるという。トゥーレーヌが「社会階級の二重の弁証法」というときに論じられるのはこのことであり、**図2**に要約できる。

トゥーレーヌが歴史行為システムと呼ぶものはこのようであるが社会的行為はこの場で一様に生じているわけではない。この場での行為もいくつものレヴェルのちがいがある。それについてはトゥーレーヌの行為論をふりかえっておくのがいいだろう。パーソンズのように価値と規範を内在化させた社会的行為者の相互作用でもないし、またマルクス主義のいうような階級的支配関係にすべてが支配されているというのでないなら、私たちが日常生活で果たしている社会的行為はどのように理解されるのであろうか。トゥーレーヌによると、社会的行為とは、社会関係という場のなかでの相互作用と考えられるものである。たとえば、ある企業の工場のなかでの労働者と職長との関係を取り上げてみよう。労働者と職長の地位と権限を決定しているのは経営者であり、かれの権威は就業規則を介して行使されていく。社会的行為にとって重要なのは個々の人物ではなくてそれぞれの地位と役割である。それではこの企業のなかでのこの役割関係を規定するものはなにか。トゥーレーヌは、社会の社会に対する働きかけであるというのである。社会の社会に対する働きかけ、つまり社会的行為には三つのレヴェルがある。

その第一は組織のレヴェルで、企業、病院、学校、軍隊などがそれで、これは外部環境に働きかける手段の集合であり、その内部では規則、役割、権威関係が明確化され、フォーマル組織の関係が支配し、その運行をコントロールする場である。第二は制度レヴェル（ないし政治システムのレヴェル）であり、このレヴェルでその社会において正統性を有する意思決定が生み出される。政治勢力、利益集団、圧力集団がそこでの意思決定に影響力を行使しようとするが、それらはすべて法律や憲法により与えられる枠組みにそってなされる。第三のレヴェルはトゥーレーヌが歴史行為システムと呼ぶもので、このレヴェルでその社会の文化の方向や目的が決定される。いうまでもなくこの決定は階級関係としてとらえられている支配階級と民衆階級との対立・紛争の帰趨によって生み出されるものである。社会的行為がこのように三つのレヴェルの重なりのなかで生じるものであるなら、社会的行為の意味は上位のレヴェルから下位のレヴェルに向かって読まれ、明らかにされるであろう。階級行為の場である歴史行為レヴェルの相互作用の結果は制度レヴェルに刻印される。政党や政治勢力の配置、法律・契約を生み出すし、組織形態や役割体系をも決定する（社会システムにおけるヒエラルヒー的関係はこれに他ならないとトゥーレーヌは考える）。注意されるべきはこのことは社会的行為のちがいのうちにはこのように階級関係・政治関係・組織関係が重なっているということであって、経済的要素ないし経済の審級が政治的要素や政治の審級を決定するという考え方とはちがうのである。

2　社会運動論

(1) 社会運動の概念

ポスト工業社会における社会対立・紛争が社会の自己産出の理論とどのように関係しているかをみたあとで、私たちはトゥーレーヌの社会運動の理論に入ることができる。その場合に注意しておかねばならないのはトゥーレーヌの社会運動の概念についてである。私たちの日常的な用語法でいえばリストラによる工場閉鎖に反対する企業従業員たちの行動も、ゴミ処理施設の建設に反対する住民運動も、河口堰建設に反対して住民投票を求める運動もすべて社会運動とされる。しかし、トゥーレーヌが社会運動というのは社会の自己産出の働きと結びついたもっと限定された意味での運動なのである。トゥーレーヌが『声とまなざし』[15]で与えている社会運動の定義は次のようである。第一に、社会運動は社会対立・紛争の担い手であり、また同時にある文化の方向をめざしている行動である。マルクス主義のいうように支配体制の矛盾の表現とは考えないが、一九世紀末から二〇世紀前半までの欧米諸国でみられた労働者運動も経営者・資本家のそれに対抗する文化モデルを提示しているものとしては社会運動なのである。第二に、社会運動は国家権力の獲得に向けて進められるものではなく、市民社会のなかで対立し・対抗する相手に向けられている活動である。それとの同盟があるとしても国家権力をめざす政治運動とは区別されるのである。第三に、社会運動はより近代化された社会の創出をめざすものではない。所与の文化的・歴史的な場においてもう一つの社会を擁護防衛しようとするものである。つまり、現にある社会の乗り越えをめざすのではなく、代替案を提示し、敵手のそれと論争し、相互批判による視野の拡大をもたらすものである。乗り越えは対立・紛争を通じて対案がだされ交渉がなされる結果として生まれるのである。この定義とさきに挙げた私たちが日常的に語っている社会運動、権利要求、世論、異議申し立ての活動とはどのように関係するのであろうか。トゥーレーヌの社会運動の定義からみると、これらはより部分的なもの、より特殊なものということになる。なぜ部分的であり特殊であるかといえば、社会運動は敵手と賭金に対する二重の関係であるのだが、私たちが日常ふつうに目にしている運動はこの二つが完全に統合されていなくて、運動の企てとしては低いレヴェルにとどまっているからである。

社会運動はアイデンティティ、対立、総体性という三つの要素の結合として示すことができるとトゥーレーヌはいう。たたかうというときには、だれかが、なにかにたいして、なにかあるものをめぐって、たたかうという構成をとっている。そして、このなにをめぐってというところをトゥーレーヌは運動の賭金（enjeux）という言い方をしている。賭金というのはいささか奇妙な表現だが、そこで考えられていることはこうである。資本主義的工業社会において中心的な社会対立・紛争をなしていたのは、経営者・資本家たちからなるブロックと労働運動に組織された労働者のそれであった。ここで争われたのは賃金引き上げと労働条件の改善だけであったろうか。資本家・経営者はかれらに大きな裁量権が与えられ市場で自由に行動することが資源の効率的配分を行わせ産業の進歩と人々の富裕をもたらすことになるというヴィジョンをもち、他方労働運動の側では市場での自由競争は需要をこえた製品供給というむだと非合理を生むのみでなく人々の生活を市場のコントロールできない盲目的な力に従わせることになるから、それに変わる協同的組織による生産と成長のコントロールのヴィジョンを提示したのであった。ということは、その内容はことなっているしばしば往々にして正反対であったとはいえ、産業の進歩の方向をめぐって両者が争っていたということであり、このばあい産業の進歩は両者にとっての賭金をなしている。つまり、この場合の対立にはこの賭金を軸にして共軛的関係が存在し、それがこの社会の自己産出の働きを促していたのである。そこから社会運動を特徴づける賭金は歴史形成の方向であるという規定がなされるのである。つまり、トゥーレーヌのいう社会運動がめざすものは制度レヴェルでのなんらかの意思決定を獲得することでもないし、組織レヴェルの規範や役割規定の変更でもない。歴史行為システムでの行為者は支配階級と民衆階級であり、その対立・紛争は歴史形成の方向と結びついており、それが社会運動として表現されるのである。だから社会運動において賭金と行為者の結びつきは密接かつ全面的であるが、組織レヴェルや制度レヴェルに位置する闘争や集合行動では部分的でしかない。地域振興のため道路や港湾の建設を求めて地方の住民は政権党議員を介して国の財政から財源をひきだす。このばあい目的を達成するために行使される影響力の場は法律や政治制度により規定されていて、歴史形成の方向とは関係がない（自己反復的な行為）。しかし、ポスト工業社会の文化の方向を中央官庁や大企業の指導者たちの構想する方向に向けるか、それを拒否するかというテクノクラート対新しい社会運動の対立・紛争ではあるいはそこまで争点のレヴェルが高まれば、賭金は文化の方向、歴史形成の方向となっていて、これは歴史行為システムのレヴェルに位置している。もっともすでにみたように、トゥーレーヌによると歴史行為システムのレヴェルでの支配階級と民衆階級の対立・紛争において、民衆階級がいつでも攻勢的（自己産出的）であるとは限らない、防衛的であることもある。

いずれにせよ、社会運動はアイデンティティ、対立、総体性が統合されるに応じて、企てとしての運動のレヴェルは上昇し、強力になるしそうでないときには弱体化する。さらにまたトゥーレーヌによると企てとして高いレヴェルにある運動は組織レヴェルでの権利要求と、制度レヴェルでの圧力・影響力をともに統合している運動である。しかし、防衛のみでなく生活や共同体の解体の危機のなかで立ちあがる危機の集合行動や闘争もあるから、その運動が肯定的・危機的か組織レヴェル、制度レヴェルでどのようになっているか、タイプをいくつにも分けて考察する必要があることになる。それについてここでは詳しく立ち入れないが、肯定的な場合では組織レヴェルでの権利闘争がストライキや組合リーダーにより、制度レヴェルの運動に高められることがあるし、それはさらに歴史行為レヴェルまでもたらされることがあるとトゥーレーヌは考えている。ところで、マルクス主義の革命をめざす政治運動とトゥーレーヌの社会運動のちがいだが、革命運動についてトゥーレーヌはこういう。支配階級の位置にいる人々が「歴史形成に対立しそれを破壊し、なんら指導的行為を行わないとき、これに対して革命的行為が企てられる」。そのばあいの革命的行為は支配階級の専政支配の体制を破壊し、「自らの階級行為により全面的に方向決定された新しい秩序をつくりだす」のであるけれど、この新しい秩序はある社会運動が敵手と賭金をめぐって争うことを認めず禁止してしまう。革命権力による断絶と全面的指導は市民社会を優先させて考えるトゥーレーヌの社会運動の対極に位置するものなのである。

(2) 新しい社会運動

このようにみてくると歴史行為システムは多様なアクターたちの対立・紛争のネットワークともいいうるもので、そこに無数の集合行動や闘争はあるのだが、最終的には支配階級と民衆階級の対立・紛争という一つの中心的な階級関係に集約される。じじつ、トゥーレーヌは「歴史行為システムのレヴェルでそれぞれの階級に対応する社会運動は一つしか存在しない」という。ところで、他方でトゥーレーヌはこれからみるように、ポスト工業社会の中心部に出現する中央官庁と大企業が形づくる社会的支配のブロックに対抗する新しい社会運動として、フランス南西部オクシタニー地方の人々の地域運動、女性運動、反原発運動などいくつもの運動についても語っている。このことは一つの歴史行為システムは一つの社会運動というテーゼとはどう関係しているのであろうか。たしかにこれらの運動は相互に無関係に進められているようにみえるが、運動のアイデンティティ、対立、総体性をはっきりさせると一つの運動のさまざまな現れであることが明らかになるというのである。どのような論理でこれらの運動は一つのものであるといえるのであろうか。

トゥーレーヌとその協力者であるデュベやヴィーフィオルカたちは一九六〇年代から七〇年代にかけてフランス各地で展開されるさまざまな運動の調査（運動への媒介的参加を含む）を行い、その成果を『声とまなざし』[15]をはじめとするシリーズで発表してきた。そのなかには一九七六年の学生ストを扱った『学生のたたかい』[16]、『反原子力運動の社会学』[18]、『現代国家と地域闘争』[20]、などが含まれているし、また『労働運動』[23]と『連帯――ポーランド』[21]もこの一連の研究活動の続きとして考えることができるであろう。社会運動を扱う理論的な枠組みはすでにみたとおりであるし、たんなる観察のための調査でなく、調査は運動の当事者たちにアイデンティティ、対立、総体性についての意識を明確化させるような媒介的参加でなければならないというとき、それがどのようになされたかは上記の書物に含まれている討論の記録をみるとよくわかる。ここでは社会運動の性格をよく示しているとトゥーレーヌが考えていた三つの運動、女性運動、地域運動、反原発運動についてそのアウトラインを『ポスト社会主義』[19]での説明にそくしてみていくことにしよう。

(3) 女性運動

一九九七年六月にフランスでは下院（国民議会）選挙があった。その選挙で解散前には女性議員の数は三五名（議員総数の六・一パーセント）しかなかったのが、新議会では六三名（一〇・九パーセント）に増えている。このことは社会党が全体の二分の一の選挙区で女性候補をたてたことが大きく貢献している。しかし、フランスでの女性議員の割合はスウェーデンの四〇パーセント、オランダの三一パーセント、ドイツの三〇パーセントなどと比較するとまだ低い。女性運動というと政治の舞台への女性の進出というふうに私たちは考えがちで、ついそこに目が向くがトゥーレーヌのみかたはこれとは少しことなっている。一九六〇年代に女性たちの運動が初めて出現したとき、その形態はきわめてラディカル（わが国での中ピ連を想起すればよい）だったのでわずかなりとも改革を肯定するより否定するもの、平等化への企てに参加するよりはそのような企てからの分離をめざす運動というイメージが強いが、これは女性を出産、育児、家事、男の気に入るように心がけることなどの性役割にとじこめてしまうことへの抗議でもあった。トゥーレーヌは女性たちの行動をよくみるとそのなかにははっきり区別される二つの運動の論理があるという。その第一はフェミニズムで、これは家庭や職場などの日常的場面で男性・女性の権利の平等を求めるもの。古くは一九世紀末イギリスの婦人参政権運動にさかのぼり、労働運動のなかでは男性・女性の賃金と雇用機会の均等を求めてきたが、この権利要求の動きは一九七〇年代では社会のあらゆる分野に広まっている。第二は女性運動とトゥーレーヌが名づけるもので、男性に従属させられているものとしての女性の地位、またその地位を強いる支配システムに抗議して立ちあがる運動である。権利要求が防衛的であったのに対して、こちらは工業社会と女性を支配する構造にたいする異議申し立て、攻勢的な運動である。この二つの流れがあるとして、その関係はどのようなものであるのだろうか。トゥーレーヌは女性たちの活動の流れをふりかえりながら整理を試みる。

はじめに出現するのは「家族計画のためのフランス運動」である。カトリック教会の影響の残るフランスではアングロ・サクソン諸国と異なり、避妊・中絶への制限が遅くまで残るが、この運動は近代化を進めるものとして展開された。「私が望むなら、私が望むときに、子どもを」というスローガンが示すように女性じしんの自由、自己決定を求めるものであるが、トゥーレーヌによるとそこでは文化方向はまだあいまいであった。だが、とにかく古い障害物、古い道徳を取り除くのである。これと並行する動きとして一九六〇年代の経済成長とそのもとでの消費社会の拡大は、それまで閉じこめられていた家庭から女性たちを解放し女性の社会進出を促し、女性たちは公共的な場へと出ていく。そのことは一八歳から五〇歳の女性労働力の急増のうちに見て取れるが、また女性が職場での差別に直面することでもあった。こうして機会の平等、格差の撤廃など自由と平等をmざす権利要求の運動が各所で展開することになったのである。そしてこの要求に応じて、行政も協力的に介入し、変革の道は次第に開けていった。これでものごとはすべてうまくいくと思われるかもしれないが、問題はそこからなのである。そのことに私たちの目を向けさせるためにトゥーレーヌはポルノ産業の発展がこれと同時にみられることを示す。当時、いくつもの女性グループがポルノ産業と女性身体の商品化を告発し、いささか荒っぽい行動に出たのであった。なぜ女性の解放とポルノ産業の発展が同時に生じてくるのかというと、この時期以前には、女性はその拘束の程度はさまざまであれなんらかの種類の家父長制のもとに置かれていた。そこで女性が従属的な立場にあったことは確かだが、家父長制は女性身体のこのような商品化を許さず、むしろそれから女性を保護するものであった。女性の家庭からの解放、女性の社会進出と平等化の進展はこのような家父長制を解体していったのだが、その解体の結果女性の保護も消滅したのである。「伝統と偏見の打破は、それゆえ女性をたんなる身体にしてしまい、この身体を商品化する危険をともなっていた」。ポルノの爆発的な出現はこのことによるのである。みかたをかえると、保護を失ったあと女性はこのような形で新たな支配者による従属の危険のもとに置かれるのだが、その新たな支配はポスト工業社会で出現するテクノクラシー的支配の構造となんらかの仕方で結びついている。ポスト工業社会の機能合理的原則はこのような新しい差別をもたらしているとトゥーレーヌは考えたのである。それだから家父長制による保護の消滅はプラスでもマイナスでもない。女性の社会的活動領域を拡大したにすぎないのである。

この状況にあって日常的権利要求のフェミニズムだけでは限界がある。それをこえていったのはフェミニズムとは区別されるものとしての女性運動なのであるが、それは男性支配の社会構造の告発やポルノ告発にとどまっているものではなかったからである。とはいえ、ここでのたたかいを進めるうえでの困難は小さくない。「ここでは集団的戦略に転化すべきものが、もっとも個人的な体験なのであるから」であり、運動に立ちあがるたびに孤立化し、理論と実践のうえで分裂があらわれることになった。しかし、乗り越える動きは確かにあるのである。女性たちのさまざまな活動の成果として避妊のためのピルは今日ではごく当たり前のものとなった。避妊のためにピルはのまれる。しかし、ピルを用いる女性たちのもとでも妊娠は望まれる。母性と子ども保護機関の心理学者たちは女性たちのこの望みを子どもおよび男性たちとの親密なコミュニケーションをもつことへの訴えかけであると考えている。トゥーレーヌはこの注目を取り上げるのである。きわめて機能合理的に編成されたポスト工業社会のなかで、男性も女性もできるだけ子どもをもたないでいるようにさまざまな形の圧力がかかる。そのなかで妊娠と中絶の自由へのたたかいが最後まで進められ、その女性たち自身により子どもをもつことへの自由が提唱されるようになるとき、女性運動は敵手とされた男性との交流の回復をめざすものとなる。ここにトゥーレーヌは女性運動がポスト工業社会での新しい社会運動でありうる理由を認めるのである。女性運動はまず社会がその優位の体制としてできている男性から決別しようとした。ついでこの運動は敵手である男性との絆を回復する権利を求める普遍的なたたかいというレヴェルに達するのである。こうなったとき女性運動は「理性、機会、力」を前面にたて機能合理性を支配原則とするポスト工業社会のテクノクラート権力に反対して「感性、生命、交流」を掲げる社会運動となるのである。

(4) 地域運動

これまでフランスで古いものを残存させ遅れた地方とされていたブルターニュ、コルシカ、西南のオクシタニーなどでは一九六〇年代以降になると地域運動がさかんになる。この地域運動の活発化をもたらしているものはなにかといえばそれは経済成長のなかで強力になったパリに本拠をもつ大企業が地方開発を進める中央官庁と一緒になり地方に進出してきたこと、それにより古くからの伝統と文化をもつ地域のコミュニティが解体されかねなくなったからである。古くからの伝統と文化そして言語とは地方の人々のアイデンティティである。これを経済開発が脅かしているというのであれば、近代化にたいする古いアイデンティティの側からの防衛ということになり、トゥーレーヌの理論では危機の行動に分類されるのではないかと思われるかもしれない。しかし、このばあい近代化、地方開発を推進するのがトゥーレーヌがテクノクラート権力とよぶ中央官庁と大企業の形づくる社会的支配のブロックであることに注意しよう。テクノクラート権力に対抗するとき、地方の人々のコミュニティ・アイデンティティを防衛することから始まった運動はしだいにその性格を変化させ別のものに高まっていくのである。なぜ地方の保守性とされたものが進歩性とされるように変わるのか、ここでも歴史的な流れをふりかえってみることが必要であろう。

一九世紀末に第三共和国の基礎をきずいた人々は理性による啓蒙の立場に立っていたことはよく

知られている。宗教を排除した教育、そしてドレフュス*の擁護に立ちあがったのもこの人々であり、その後のフランス政治での左翼はこの啓蒙の立場を受け継ぐものであった。この左翼ないし啓蒙の立場の人々は、伝統からの脱却、地方名望家の支配からの解放、学校からの方言の追放などをもって近代化の達成であり普遍的文明の拡大であると考えてきた。「理性の光が暗黒の偏見と信仰の不合理を追い払わねばならない」というわけである。ところで、この進歩的な人々の拠点であった共和主義の学校で、教師たちは優秀な生徒たちにたいしてかれらが生まれ育った狭い土地を離れ、首都のパリで上級学校に進み、「共和国の役に立ち、国家の法と不滅の原理に仕える」ことこそが人生の目的であると指導してきた。そのことの帰結はどうかといえば、地方の優秀な人材はすべてパリに行ってしまい戻らず、地方の知的な空洞化と文化的な衰退がもたらされたということでしかなかったのである。地方の人々はこの状況をなにもせず受け入れたのであろうか。一九六〇年代にフランスの人文社会科学者たちはブルターニュ地方で大規模な調査を実施したのであるが、それに参加したエドガール・モランはきわめて興味深い観察をもたらした。進歩的教師たちは優秀な子どもたちに郷里を捨てさせたのにたいして、ブルターニュ地方のカトリック信仰の篤い女性たちは息子たちを土地にとどまらせ、そこで農業近代化を行うよう励ましたのである。この観察からモランは、これまではパリへの一極集中が文化の創造性を高めるとされたのだが、今日ではもはやそうではない。一極への集中は効率低下や不適応しかもたらさない。分散化と多様性こそが情報と創造性を生み出すのであるとの結論を引き出すのである。そしてトゥーレーヌはこの考察を受け継ぎ発展させるのである。なるほどブルターニュ、バスク、コルシカその他の地方の人々は中央官庁や大企業の進める地方開発や工場移転により自分たちの古くからの文化や伝統そして景観が破壊されることに反対しているし、フォークロアが観光客を楽しませるための商品とされることに反対している（国家による国内的植民地化への反対）。このことは一見、過去のものとなった古い社会への郷愁的執着にすぎないように見えるがそうではない。「過去を支えにし将来への希望を表明している」のである。権限を自らの手に集中し地方開発を進める中央のテクノクラートたちに対抗するのに自分たちがもつ古い文化と伝統および言語の擁護を掲げるだけでは十分ではない。「この防衛的行動が中央官庁のテクノクラートたちがコントロールする文化的資源を奪い返し取り戻す努力を伴わないならば支配者への隷従から抜け出せない」。防衛的行動から攻勢へと転じることが必要なのであるがそれはどのようにしてできるのであろうか。一つの地方の地域運動にとどまっているだけでは不十分で、一つには左翼の政治勢力や労働組合と手を結ぶことである。じっさい一九八〇年代初めにフランス民主労働連合（CFDT）はオクシタニーの運動を支持し提携していた。

しかし、地域運動はまたちがった展開を示してもいる。コルシカやバスクではナショナルな闘争という方向に向かっている。コルシカでは、国家はアルジェリアから引き揚げてきた人々に柑橘類農園の用地を与え、パリの資本が海岸リゾート地を占領し、土地のワイン生産者は壊滅的状態に追いやられていて、国家と戦うことがかれらのアイデンティティをなすようになっている。第三世界で植民地解放闘争を戦う人々とほとんど同じ状況になっている。そしてこれはコルシカのみでなく多かれ少なかれ各地の地域運動に共通している。この状況をふまえてトゥーレーヌは運動をナショナリテールなものにすることに方向が見いだせるのではないかと考えたのである。ナショナリテールというのは耳なれぬ表現であるが、トゥーレーヌによると「モンゴル支配以後のインド、アラブ世界、あるいは植民地化のため人為的国境により分割されたアフリカの諸民族のあいだで、諸々の大文明が国民的である表現をもたない状況で意味をもつ」のであり、一つの国家ではなく、一つの国民を再創造することとかかわるのである。中央官庁や大企業のテクノクラートたちが進める地方開発が国家によるそれだとするなら、ナショナルな性格を帯びるに至った諸地域運動が連帯・連携してそれに対抗するもう一つの国民を作り出していくという方向があるだろう。もちろん、地域の運動であることと、もう一つの国民を創造する運動であることと連携の組織化に困難と危険はあるけれど、この方向に向かうとき地域運動はテクノクラートと対抗する社会運動となりうるというのである。

(5) 反原発運動

今日の時点でもなお高速増殖炉の開発にこだわる日本に比べると「スーパーフェニックス計画」を取りやめたことにみられるようにより柔軟であるとはいえ、フランスはエネルギー政策ではドイツよりはるかに原子力発電に依存している。このことはフランスが独自の核武装をもっていることとともに一九七三年の石油危機を契機として、当時のメスメル内閣により原子力発電化計画が強化・加速されそれがその後も継続していることによる。しかし、フランスでも反原発運動がないわけではない。原子力庁（CEA）と電力公社（EDF）との権限争いは後者の手に握られて決着がつき、そして一九六九年にフランス最初の原子力発電所がアルザス地方フェッセンネイムに建設され、各地での建設がつづく。そのときにすでに住民たちの反対運動がみられたが、石油危機のあと原発化計画の加速が発表されると、科学者たちが敏感な反応を示すようになる。しかし、運動は必ずしも順調な発展をみるわけではなく、一九七七年クレイマルヴィルでの混乱のうちに終わった高速増殖炉建設反対集会のあと低調になり、一九七九年のスリーマイル島事故もフランスでの反原発運動を再活発化させることにはならなかった。七〇年代のフランスでの反原発運動のこの低調はそれがエコ・システムの防衛という抽象的な呼びかけで行われており、アイデンティティ、対立、総体性のいずれにおいても十分な認識をもつに至っていなかったと診断されるのであるけれども、トゥーレーヌによるなら反原発運動はエコ・システムの防衛という価値観の転換を求める文化運動にとどまるものでなく、ポスト工業社会で出現しつつある社会的支配のブロック、テクノクラート支配と戦う社会運動として重要な位置を占めるものなのである。というのはこの運動のもとでエコロジスト、科学者、労働組合運動が結びついたとき、運動はたんなる原発建設反対をこえて、政府の科学技術政策批判にいたり、その政策の推進者としてのテクノクラート的支配構造が敵手として明らかにされていったからである。運動の参加者たちは太陽エネルギー、バイオ・マスなど代替技術が存在するのにその開発については進められず「総エネルギー、総原発化」政策が選択され危険の大きい原発に開発投資が集中されるのは、ポスト工業社会における中央官庁と大企業から構成されるテクノクラート的支配構造のゆえであることを、その討論と分析のなかで明らかにしていったのである。ただし、問題が残っていないわけではない。反原発運動はたんなるエコシステムの保護をこえて敵手をテクノクラート支配であると同定するのだが、具体的にはだれを防衛するのであろうか。自分たちの運命を自分たちで決めたいとする建設予定地の住民たちだけであろうか。もっと広い範囲の人々を結集するとしたらそれはだれの名においてテクノクラート支配に対抗するのであろうか。なるほどポスト工業社会ではもはや実在的な社会カテゴリーとしての階級について語ることは困難になっているがしかし階級関係についてであれば論じられないわけではない、というのがトゥーレーヌの考えであった。とするならテクノクラート支配にたいして運動が組織できないわけではない。しかし組織化のためにはここでも地域運動のばあいと同じように政治運動によるなんらかの媒介的な働きかけが必要であり、そのときに反原発運動は反テクノクラート運動というより広範な運動へ導いていくことができる。じっさい、トゥーレーヌによれば避妊・中絶の自由を求める女性たちが反原発運動に加わっているように、これはほかの社会運動と共通なテーマをたくさん含んでいる運動なのである。それゆえ、トゥーレーヌは「反原発運動が他の運動よりも中心的な位置を占めるのは、たたかうべき相手についての明確な認識と規定をもつ運動だからである。それゆえ反原発運動は文化的な抗議運動を社会的な政治運動に転化させていくにあたってとくべつな位置を占める」というのである。

(6)政治的オペレーターの役割

このことからわかるように一九六〇年代から七〇年代にかけて出現してきた女性運動、地域運動、そして反原発運動について、それがあるがままの状態でポスト工業社会における新しい社会運動であるとトゥーレーヌはいうわけではない。アイデンティティ、対立、総体性においての認識を深めテクノクラート的支配の構造に対抗するものになるに応じて、新しい社会運動となるというのである。

これらの運動は全く異なるところから相互に関係をもたないで出現してきた。しかし、一つの社会の歴史行為システムで歴史形成の方向にかかわる運動へと統合されえないわけではない。そして、そのためには政治勢力の媒介的な働きかけが必要かもしれないというのであるが、このときトゥーレーヌが思い描いていたのはエドモン・メールの指導のもとで賃金引き上げと労働条件の改善要求だけでなく、労働組合以外の市民運動にも開かれ連携を呼びかけ、より広範な民主化を進めて活動していたフランス民主労働連合（CFDT）であったことは疑いない。エドモン・メール*の率いた時期のCFDTは労働組合運動の活動を労働の問題からさらに経済政策へ、また社会問題へと広げていった。そのなかで地域整備、都市化、女性の地位、ライフスタイル、消費なども扱われ、さきにみたようなオクシタニー地方での地域運動とCFDTの連携がみられるようになったのである。

このような活動をもっと発展させていくことはできないかと考えるところで、媒介者としての役割を果たす「政治的オペレーター」の構想が生まれてくるのである。一九五〇年代までの労働組合運動はマルクス主義に基礎を置き、また前衛としての共産党の指導をうけいれていた。党が大衆運動のなかに活動家細胞をつくり、そこにちょうど機械の軸とモーターの間に伝動ベルトをかけて機械を動かすようにして、大衆運動を動員するという形態がとられていた。「政治的オペレーター」

では、政治組織と新しい社会運動の関係はこの古い運動論とは正反対になっている。自立し創意を発揮するのはそれぞれの新しい社会運動の方であり、政治的オペレーターはそれらのあいだを調整するにとどまるのである。「運動がもはや党の活動の原材料ないし基礎でなくなった時点から、党はそれまで意味の唯一の担い手であったが、この運動と党との関係を逆転させ、社会運動は政治運動との関係をもつていどに応じて構成され、統合されるということを認めなければならない。そして、その政治勢力はかれらの代表ではないが、それらの運動のうえでストラテジーを支えるのである」（「新しい社会紛争」、『主体の回帰』[22]、二六七頁）。二〇世紀前半のマルクス主義の影響を強く受けていた民衆的運動のなかでは、運動は左翼の政治的ストラテジー（つまり前衛の指導に）従ってしか進められないとされていたが、一九六〇年代から一九七〇年代の新しい社会運動は次第に政党から独立するようになっているし、運動はイデオロギー的であるなら失敗する。しかし、なんらかのストラテジーのもとに統一されていないなら新しい社会運動は相互に孤立したままであるし、運動は四散してしまうだろう。また新しい社会運動の要求が政治システムのレヴェルに媒介されることも必要である。そこでこのような「政治的オペレーター」が構想され、その役割はエドモン・メール率いるＣＦＤＴに仮託されたのである。エピネー大会以後のミッテランの社会党でなくＣＦＤＴであるのは、当時のミッテランは社会党内ではマルクス主義的左派ＣＥＲＥＳと手をむすんでおり、それゆえ一九七一年の左翼共同綱領が有力企業の国有化を主要政策として掲げるような状態にあったからである。社会党内でのミシェル・ロカールの影響力はまだ小さかったのである。

(7) 労働組合運動の変化

それともう一つ、なぜ「政治的オペレーター」として労働組合のCFDTがここで持ち出されるかふれておく必要があろう。もし労働組合運動がポスト工業社会に出現するテクノクラート的社会支配ブロックの一部になりもっぱら既得利益の防衛にはしるものになっているのであるとするなら、フランスの二大労組の一つであるCFDTがここで「政治的オペレーター」に位置づけされるのは奇妙なことではないかと思われるかもしれない。

スウェーデンやドイツのように労働組合運動が一つのナショナル・センターに組織されているのとはちがい、いくつにも分かれまた労働組合への組織率も低いフランスでは、労働運動の制度化は遅れていた。企業内部での組合活動が認められるのは一九六八年五月革命のさいのグルネル協定以後であり、また調停や仲裁の制度もようやくこの時期にできる。しかし、企業内で労組活動が認知されても、交渉の手続きについては法的規定はなかったから実効性はあまりなかったとされている。しかし、トゥーレーヌは法律的にはそのようであったとしても、一九五〇年代末に国営ルノー社のイニシャティブで開始された契約政策は短期間に多くの民間企業に広まり、事実上参加の体制を普及させていた。他方、公共サービス他公的部門では、労働組合と使用者との間でさまざまな形で共同管理の慣行ができ、階級対決のレトリックが用いられ続けていたもののこの体制が地位の安定と利益を保障するものになっていた。だからグルネル協定以前に、労働組合はポスト工業社会の社会的支配のブロックに包摂されるようになっていた、とトゥーレーヌはいう。それはまた「労働組合は専門職種の純粋な防衛に閉じこめられていない。階級闘争論への準拠をこえて、プログラム的提案をつくりあげる政治的勢力であることを示し、それらの提案は社会の一般的方向の決定を担当する能力と意思を示すものとなっていて、とくに経済についてそうであった」(「労働運動と新しい社会運動」、『フェール』四九号[32]、四六頁)。政府の第三次経済計画に対置された対抗計画だけでなく、労働組合は様々なレヴェルと機会にエネルギー、雇用、産業政策、インフレーションについての入念に作られたプランを示すようになっていたのである。そのことを象徴するのは一九七四年の大統領選挙のさいのジスカール・デスタンとミッテランのテレビ討論で、そのテーマが経済政策のヴィジョンをめぐるものであったことによく示されている。トゥーレーヌのポスト工業社会における社会運動の対立・紛争の賭金は社会の方向であるというのは、日本の政治をみているとわかりにくいけれど、このような現実に根ざしていた。

しかし、労働組合運動がますます制度のなかに取り込まれていく一方で、他方では底辺ないし周辺に位置する労働者たちのもとで激しい紛争が続発するようになる。トゥーレーヌは一九六七年のル・マンにあるルノー工場の単純工（OS）たちの社会的に注目された紛争が画期をなしているというが、それ以後単純工、外国人労働者、女性などの紛争が続出するのである。この新しい紛争を従来の労働紛争とちがわないものと説明する人々もいるが、トゥーレーヌはこれに与《くみ》しない。それはなによりも労働者階級の内部での分裂をしめすものなのである。新しい紛争に加わる労働者たちのもとでは労働組合の仲介にたいする不信と敵意がみられる。また、この人々は賃金要求以外になんらの関心も示さない。「あたかも高資格の熟練の人々のもとでの対立・紛争がすっかり制度化されると、それが労働者たちの対立・紛争のすべてを扱うことができないゆえに、直接的で野性的な要求が表現される社会的空白をつくり出すかのようであり、断絶により野性的な要求が企てられるかのようである」（『フェール』、四九号[32]、四九頁）。この新しい紛争に加わる単純工や外国人労働者たちのもとでは、労働・仕事へのアイデンティティは存在せず、自分たちの置かれている劣悪な反復作業の労働システムからの脱出が問題となるだけなのである。ポスト工業社会での社会的支配の体制の内部と外部というトゥーレーヌの議論はこのような考察に立脚していて、そこから労働組合は政治・制度システムのアクターとして以前より重要になっているとしても、社会運動の担い手ではなくなっているとされたのであった。しかし、エドモン・メールが委員長として率いた一時期のフランス民主労働連合はこの周辺においやられている人々へも視線を向け手を差しのべたことがあり、トゥーレーヌの「政治的オペレーター」はその経験から引き出されているのである。

3　見直される社会運動論

(1) 社会運動の衰退

一九七〇年代にはトゥーレーヌたちが研究対象とした運動はフランスだけでなく、ヨーロッパ、アメリカそして日本などでもみられ活躍したから、社会学研究者たちのあいだで熱心に論じられるテーマとなっていた。しかし、トゥーレーヌたちの調査がシリーズの書物として発表される一九八〇年代にはいるとフランスではこれらの運動はすでにほとんど衰退し下火になっていたのである。女性運動、地域運動、反原発運動はきたるべきポスト工業社会での中心的な対立・紛争を担うものではなかったのか。このことについてはトゥーレーヌも意識しており一九八三年の論文「社会運動の衰退」（『主体の回帰』[22]）で取り上げている。新しい社会運動がさかんに語られた時期から一〇年が経過してみるとこれらの事実と思想は過去に属するものと思われるようになっているがそれはなぜかとかれは問うのである。かれはこの一〇年間に世界が大きく変化したことを指摘する。変動為替制への移行と石油危機とは市場での変動に政府や企業の対応を機敏にさせるようになったし、七〇年代初めからの不況は福祉国家の見直しやそのための予算の削減を迫りまた経済政策も自由化政策へと転換している。また国際競争の激化とそれに対応できるように経済構造の再編を促している。これら一連の変化が諸々の新しい社会運動の衰退と関連している。そうであるとして、このことは「たいして重要でなく束の間の存在にすぎないものに過大な評価を与えた」ということなのであろうか。

たしかに七〇年代に進められていたトゥーレーヌたちの議論のうちにはいささかの混乱や不十分さがなかったわけではない。たとえばこれらの運動が経済成長の最後の局面で、西欧社会の人々がこのまま限りなく豊かになっていけると思いこんでいる時期に生まれたものであるし、多くのばあい運動は反帝国主義や反植民地主義など異質なイデオロギーと結びついていた。だから新しい社会運動についてはそれに一般的なことと特殊状況に依存していることとを区別して考える必要がある。だがそれよりもトゥーレーヌが注目するのはなぜ低調になってしまったのか、それが再活発化する可能性があるかどうかなのである。近年の変化は人々の関心を政府の経済政策や国家の役割に向けさせているが、この論文が書かれる一九八三年という時期には別の問題があった。イタリアでは赤い旅団、ドイツではバーダー＝マインホフなどテロリスト・グループによる要人襲撃事件の続発である。これらは新しい社会運動と関係ないと思われるであろう。しかしトゥーレーヌによるとテロリズムは適切な社会運動が欠けているゆえに生じるのである。労働運動は大企業や公共サービス部門の労働者の既得利益擁護の運動となっていて、孤立した活動家は大衆を行動に引きこむきっかけをつくろうとして暴力を利用する。フランスにテロリズムがみられないのはミッテランの左翼連合政権に極左派も支持を表明しているためであるが、社会的要求をすべて労働組合中央と政府間の交渉によって解決する制度が完璧に作られている諸国では、管理化が進行する一方、そのシステムの外部に異議申し立ての分子を存続させることになった。いいかえると労働運動の担い手であった労働組合は社会的支配のブロックに統合され、勤労市民である人々の行動は防衛的になる。そのブロックに入れない人々は周辺に追いやられる。この構図のもとでは社会運動は歴史形成的なものであるより行政的に処理される「社会問題」に矮小化されてしまう。だからフェミニズム運動の要求は各種の機会均等法として部分的に実現されるとそのあとでは運動は低調になってしまう。

これが新しい社会運動のさしあたっての衰退の考察であるとして、再び活性化することがあるだろうか。新しい社会運動はかつての労働運動と比較されると非力にみえるが、世論に影響を与えることができないわけではない。フェミニズムやエコロジスムの運動が支持を拡大する様子をみていると一九世紀中頃の労働運動よりも大きな影響力をもっているともいえるから、世論の影響力が戦略的なポイントをなしていようというのだ。八〇年代の問題が労働運動の防衛的姿勢への転換であり、福祉国家的な社会的支配の体制への包摂であるとするなら、このような世論の運動を作り出せばいいのではないか、そのような集合行動を組織することというところまで課題は後退して立てられていた。

経済不況に直面しての防衛的行動を社会運動へと変化させるばあい、たんなる反抗は中心的対立・紛争となりえない。その行動に要求能力をもたせ社会組織のなかに組み入れていくことが必要であり、ついでそれを圧力集団ないし影響力のある集団に変化させることであろう。反抗や拒否を組織された要求へと変形させ、政治システムレヴェルでの行為へと上昇させていくことが必要で、こうして社会運動になることができるはずである。一九世紀の労働運動はこのような発展をたどったとき自らの運動とその敵手を明確にし「進歩」という普遍的価値を掲げ、歴史形成的な社会運動となることができた。ところで、ポスト工業社会でみられるのは新しい社会運動を進める民衆に対立する国家や大企業のイニシャティブの増大であり中央官庁の高級官僚=テクノクラートの台頭なのであるが、一九八〇年代初めの経済不況下では民衆階級の側でも、支配階級のテクノクラート側でも後退がみられ、対立・紛争は下位の社会的行為のレヴェルにとどまっているとトゥーレーヌは考える。要するに異議申し立ての運動の出現の条件はあるのだがそれを社会運動まで発展させていくことが困難というのが現状だというのである。社会運動へと発展させるにはフランス民主労働連合（CFDT）のような組織された労働組合などの勢力と、社会的支配ブロックから排除された人々と、その両者が接合された広範な連合が形成される必要があるのだが、現在の時点ではそのような社会的オペレーターの役割を果たす勢力は姿を消してしまった。

かつて一九七〇年代にエドモン・メールの率いるフランス民主労働連合（CFDT）がエコロジー運動やフェミニズム、地域運動との連携を唱え運動の結集軸となろうとしたときトゥーレーヌは共感を示したわけだが、この論文では同じ運動の構図をもう一度実現させ発展させることが考えられていた。八〇年代の経済的な諸条件が運動の後退を余儀なくさせているとはいえ歴史形成的な新しい社会運動の可能性は疑われていない。それで「今日の運動の退潮と主要な社会対立・紛争の消失の後で、再び新しいタイプの社会が根をおろしていることが新しい社会運動の成熟がみられることになろう。新しい社会運動の発展に必要なのである」とされていたのである。

とはいえ一九八〇年代以降のトゥーレーヌとその協力者たちの仕事をたどってみるとき、明らかに変化は認められる。なるほど地域運動を扱った『現代国家と地域闘争』[20]は一九八一年に現れているがこれは『声とまなざし』[15]や『反原子力運動の社会学』[18]など一九七〇年代に精力的に進められた一連の調査の一環である。八四年の『労働運動』[23]も同じ性格のものである。さきの論文「社会運動の退潮」が含まれている『主体の回帰』[22]（一九八四年）をのぞくとあとはラテン・アメリカ社会を論じた二冊の著作が出されるにすぎない。ところが一九九〇年代になると協力者であったフランソワ・デュベやミシェル・ヴィーフィオルカらによる外国人労働者家族やその第二世代の若者たちのいわゆる「郊外問題」や人種差別についての仕事が相次いで出される一方、トゥーレーヌは『近代性の批判』[26]や『民主主義とはなにか』[27]など政治哲学的な書物を著すのである。七〇年代初めから続く経済不況、とくに失業問題が八〇年代にはいって国際経済競争が激化するなかで深刻化し、それが人種差別や郊外問題というかたちであらわれる。この時期には新しい社会運動は新しい社会問題にとってかわられるかのようなのである。あとになってデュベとヴィーフィオルカはそれぞれこの問題に触れている。

(2)二重の論理と運動

デュベの『経験の社会学』[4]（一九九四年）は社会的行為をむしろ社会的経験という形でとらえなおそうという試みであり、そのさいにかれは社会的経験を、パーソンズ的な価値による統合、クロジエ的な利用できる資源の計算にもとづく戦略*的行為、そしてトゥーレーヌのいう行為とは社会的な企てへの参加であるとする立場のいずれか一つの論理に還元するのではなく、行為のうちにはそれらの論理が同時に働いているものとして示そうとしている。それぞれの論理のあいだでは緊張とダイナミズムが生じるが社会的行為とはもともとそのようなものではないかというところからデュベは社会学の体系を構想するのである。この構想はデュベが一九八〇年代以降進めてきた生徒数の急増著しくそれゆえ校内暴力などさまざまな問題を噴出させているフランスのリセ生徒たちに対する調査、またガレールと郊外問題として注目されている外国人労働者家族の若者たちに対する調査をふまえて提出されていて興味深いものであるがここでは立ち入ることができない。私がふれたいのはこの書物のなかで「社会運動の衰退」として言及されている部分である。

デュベも参加していたトゥーレーヌたちの研究グループの仕事のなかでは新しい社会運動はかつての労働運動が果たしてきた役割、すなわち社会の中心的対立・紛争の担い手の役割を受け継ぐにちがいないと想定されていた。さきの一九八三年のトゥーレーヌの論文でもこの想定には変化がなかったのであるけれど、デュベは研究の結果はこの見解には否定的になるに至ったというのである。理論化における失敗の理由はなにであったか。新しい社会運動はポスト工業社会でのテクノクラート的企てに対立し対抗する企てで総体的な運動であると考えられていた。総体的な運動であるとは要求実現の戦略から政治運動へと発展し、そこからコミュニティやさまざまな集団の動員を行う運動に上昇するということだが、そのさいイメージされモデルとされていたのは一九世紀末から二〇世紀前半の労働運動であった。工業社会の労働運動がポスト工業社会の新しい社会運動のモデルとして考えられていたことに問題があるのであり、現在の時点で新しい社会運動が不活発であることはある意味では社会運動の正常な状態を示しているのかもしれない、というのである。デュベがこのようにいう理由は西欧諸国での労働運動は階級意識・要求・政治闘争、コミュニティ防衛などの要素が完璧に組み合わされ統合された社会運動だったが、このような完璧な運動は歴史上他に例がないものであるからだ。「とするなら、新しい社会運動がかつての労働運動のように展開をしていないことは、その不活発や危機を示すものではない。むしろ運動の正常な姿に戻っていると考えるべき」なのであろう。それだけではない。個人についてだけでなく集団的な現象として「経験」を考えようとするデュベからみると、社会運動がある単一のヴィジョンや論理のもとで統合されているとする考え方も再検討されてしかるべきということになる。すでにみたようにトゥーレーヌの理論では社会運動は下位の行為レヴェルに位置する闘争をそのなかに統合するものであった。ところで闘争は利益の集合としての諸個人がある要求を明確な戦略のもとで実現しようとするものである。たとえば航空管制官やフランス国鉄や首都高速公団の乗務員など専門性や熟練性により保護されている職業集団のスト要求であることもあるし、クジラや熱帯雨林の保護や人権擁護などメディアを介した世論の運動に個人が共感して参加することもある。さらに地域の文化的伝統やアイデンティティの防衛を軸とする運動などもある。それらを推進する論理は多様であり、闘争のなかでいつでもそれらの論理が一つに統合されているわけではない。デュベはこのことを確認する。社会運動は下位レヴェルに位置し、またさまざまに異なる論理で動いている活動を結びつけようとする意思により特徴づけられるのであるが、社会的経験がもともとデュベのいうようないくつもの論理を同時に含むものであるなら、それは容易なことではない。今日ふりかえってみるなら、どうやらトゥーレーヌが見いだそうとした統合された普遍的な価値は存在していなかった。というより存在していないことが運動を活発化させたと考える方が適切である。デュベの示唆するのはそのようなことなのである。

たとえば一九七〇年代の女性運動はなるほどジェンダーと性の関係について文化表象を変化させるには貢献したが、運動のうちにある二つの傾向をうまく結びつけることはなかった。一方では、女性たちは平等と統合をめざし社会のなかで男性が特権的に占めている地位に女性もアクセスできるようにしようとした。「女性らしさ」(féminité) などというのは男性が作り上げた虚構の自然さにすぎず女性の疎外と被支配をもっともらしく思いこませるにすぎないとし、女性の社会参加を加速させ、民主主義論に依拠し男性との平等な条件での競争を重視してきた。他方では、女性のアイデンティティの認知がめざされていた。そこでは理性という普遍主義が女性のアイデンティティを抑圧し破壊するといい、むしろ女性のセクシュアリテや抑圧の特殊性を発見しようとし、「女性であることが自分たちに疎遠な他者性を押しつけることのない女性文化、女性エクリチュール（女性的表現様式）を形成すること」が目標となっている。二つの傾向があることはトゥーレーヌも認めていたが、それは運動の進展のうちで一つの立場に収斂していくと考えられていたのである。だがデュベはこの二つの立場はほんらい一つの運動に統合されるものではなく、むしろ運動に参加した女性たちをさまざまに分裂させたことを示すのである。「じつのところ、フェミニズムとは平等と差異の二重性として妥協させられた女性経験の緊張であるところのこの緊張のなかにある運動としてしか、意味をもたなかった」。この視点からみるとフェミニズム運動の衰退を分裂したためとか力量不足などで説明するのは誤りということになる。「このような運動は二重性のうちでしか生きられない。同様に、各個人はそれぞれの側に同時にいるということしかできない。それゆえ運動は政治の舞台に要求を送ることしかできないし、一つの綱領のなかにそれらの要求を結びつけることができないままで、文化変革を進めることしかできない。衰弱はこのような運動の正常なライフサイクルなのである」。

事態はエコロジー運動でも同じだとデュベはいう。この運動の活動家たちは、自然のなかの存在としての人間の倫理と責任を論じ、科学技術の発展を進歩と同一とは見なさないわけだが、この運動のなかでもいくつもの傾向がみられる。ある活動家たちは代替技術に基づくコミュニティの建設に入っていこうとするし、他の人々は現代科学技術が専門家の聖域となっており民主主義的な決定から逃れていることを批判する。これらの論理もけっして一つの運動として統合されないし、またそれは運動の若さや不利な外的状況に由来するものでもない。「エコロジー運動のうちにみられる二つの文化はこの運動の制度化から生じる緊張の結果であるだけでなく、行為の戦略的空間と統合の空間とのあいだでの隔たりと、緊張に対応する方向の二重性なのでもある」。このようにエコロジー運動もある普遍的な価値を担う運動に成長していくものであるより、複数の異なる論理のあいだでの緊張を生きる社会的経験なのであるとデュベはいうのである。そのことがエコロジー運動の存在理由を低くすることはないけれども、かつての『反原子力運動の社会学』[18]で示されていた考え方からはかなりの変化であることにはちがいない。労働運動のように例外的に完璧に統合された総体的な運動になるのでない限り、現在の形態が常態であろうというのである。

(3) アイデンティティの拡散

ヴィーフィオルカは「ある概念の擁護」（『主体を考える』[27]）でデュベとは異なる側面から一九

九〇年代には社会運動の概念にさまざまな困難がともなうようになってきた理由を考察している。七〇年代と九〇年代で顕著なちがいは、かつての社会運動としての労働運動は解体してしまい、労働組合はもっぱら既得利益防衛のための組織となる一方でこれに代わると思われた新しい社会運動はそれほど人を引きつけるものとはならなかった。エコロジスム、フェミニズム、反原発運動は現在では世論の流れに形を変えている。他方、集合行動の担い手の意識は、ルペン*が率いる極右政党・国民戦線にみられるようなナショナル・ポピュリズム、あるいは差別に囲まれた外国人労働者たちのもとでの共同体回帰（コミュノタリズム*）など、トゥーレーヌのいう社会運動の概念からかけ離れたものになっている。かつての社会運動としての労働運動のなかでは緊密に結びついていた社会的なもの・政治的なもの・文化的なものは分解してしまい、議会制システムの危機が語られ、人種差別・外国人排斥・自身への閉じこもりなど文化パティキュラリズム（普遍的価値よりも特殊なそれを優先させる傾向ないし運動）が支配的になった社会では「集合行為はそれ自身について分裂しバラバラになったイメージを与える。あるいは反社会運動（anti-mouvements sociaux）を呼び起こすような融合過程を生じさせている」。このような状況のなかで社会運動の成長の余地はあるのだろうか。ヴィーフィオルカはアイデンティティと運動の敵手から検討する。かつての労働運動のなかでは熟練・非熟練のちがい、あるいは職種のちがいをこえて労働者階級としてのアイデンティティは共有され、その一体性は生産関係の場においてだけでなく労働者街というコミュニティとそれに特有の文化をつくりだすほど強いものであった。ところが一九九〇年代にみられるのは大衆文化の広まりにもかかわらず文化とアイデンティティは断片化し、不安定で移ろいやすいものとなっている。しかし、このようであるとしてもアイデンティティに統一性と安定性をもたせる「アクターとして自らの選択を構成し、経験を生じさせ、自らの創造性を発展させる」可能性はないわけではない。その一例としてかれはエイズ問題が保健衛生政策、あるいは問題を担当する制度や機関の批判において重要なアクターを生み出していることをあげる。ここでは「一九七〇年代には思いも寄らないことであったが、同性愛者の運動、人種差別の告発、人種的少数者の抗議、保健行政機関への異議申し立てなどが相互に結びついている。このことはアクターたちが具体的なアイデンティティをより一般的な原理のうちでむすびつけているということであり、社会運動のための条件が作り出されているということである」。トゥーレーヌのいう社会運動の成長のための余地は失われているわけではない。だが、これとは逆の論理もまた強く働いている。共同体、宗教、エスニシティへの所属は「本質」のアイデンティティをもちだす。具体的な特殊なアイデンティティと普遍的価値が接合されるためには、その接合をうまく管理できる政治空間の存在が求められるが、代表制度の危機が論じられる今日のフランスの政治システムはそのようになっていない。またアイデンティティという主観性だけでは人々を集合的行動に参加させることはできない、ヴィーフィオルカはそういうのである。

社会運動の形成が困難であるもう一つの理由はトゥーレーヌのいう運動の敵手の存在とかかわる。社会運動の形成にとってアクターのたたかう敵手が明確であることが必要だが、今日では社会的な敵手を同定することが困難になっているというのである。一九七〇年代の反原発運動では敵手はフランス電力公社（EDF）と原子力庁による原子力発電計画を動かしている核産業テクノクラートであった。彼らは自らのもつ科学技術についての専門知識の名において社会にたいして影響力を行使したのだが、このばあいには敵手の識別は容易であった。一九九〇年代ではそのようではない。たとえば保健衛生行政機関は多くの点で病院の体験や不安などに関心をもたないテクノビュロクラティク装置となっているが、他方でこの装置は「病人の面倒や世話をし、適切な技術を発動させ研究を進めさせ、社会的期待に対応し、さらには公共サービスとして機能しようとするものである」。ここでアクターと敵手のイメージはあいまいになるし争点も文化や主観性にかかわる。さらにまた支配的アクターのうち最も影響力のあるものが「地球的ネットワークをなしている経済・金融的な意思決定の中心」において住民たちの手の届かないことがある。さらに社会運動の困難の第三の理由としてヴィーフィオルカが指摘するのはフランス社会で進行している二重社会化*である。共和主義的学校は外国人労働者の子どもたちを国民国家に統合するためのメカニズムとして機能せず、社会はもはや国民的アイデンティティにより統合されないし、社会的上昇を保障する制度によって統合されることもない。排除が不可避の現実となりこのことは「郊外問題」として可視的になる。八〇年代にデュベやヴィーフィオルカが取り組むのはこの排除された人々の行動なのであるが、それは「怒り、暴力、自己破壊などに身を委ねるか、エスニックなアイデンティティに閉じこもる、あるいは他律的政治に閉じこもる」ものなのである。これらの人々の防衛的行動はメディアでの論争に加わる人々を引き込むことがないから「かれらは暴動により境界線の向こう側の人々に、自分たちが否定され、さげすまれ忘れ去られていることを知らせることができるにすぎない」。デュベが『追放の街区』[2]が書いているように八〇年代には外国人労働者の二世の若者たちによる「平等のための行進」が組織され一時的な昂揚をみたけれどもすぐに霧散してしまった。ヴィーフィオルカは一九九〇年代の社会構図をこのように概観し、社会的連帯の要請の声が高まりつつあるところでは社会運動が形成されないとはいいきれないとしても「労働運動が社会運動として偉大であったという郷愁の他には、社会運動の概念は放棄しなければならないかもしれない」といったのである。

4 新たな展開

(1) 一九九五年のストライキ

新しい社会運動はトゥーレーヌが一九七〇年代に考えていたように発展することもなかったし、ポスト工業社会における中心的な対立・紛争の担い手となることもなかった。それで一九八〇年代以後トゥーレーヌとその共同研究者たちは、ポスト工業社会で出現する社会的支配のブロックとそこから排除される人々の対峙という構図のもとでフランスにおける外国人労働者への差別やマグレブ系の若者たちにみられるガレール状態の調査を進める一方、他方ではこれと並行して一九七〇年代にかれらが示した新しい社会運動論の再検討の作業を進めていたのである。ところでこの作業は一九九五年にフランスで生じた大規模なストライキの調査と考察に取りかかるなかで大きな転回をみ、トゥーレーヌの社会運動論は新しい展開をとげるのである。

一九九五年の一一月・一二月のフランスでみられたストライキは全国的な広がりをもち、ある意味では一九六八年の五月革命にも比肩されうるものであった。一九六八年にモランやアロンなど多くの社会学者たちが事件の分析と考察を試みたように一九九五年のストライキのあとでもフランスの社会学者たちは事件の分析と説明に取り組む。ブルデューの若い協力者たちのグループは『フランス知識人たちの〈一二月〉』［31］を著すし、ジャン＝ピエール・ルゴフとアラン・カイエは『一二月の転回』［30］を書き、そしてトゥーレーヌとその協力者たちもまた『大いなる拒否、一九九五年一二月ストについての考察』［28］を発表するのである。一九六八年五月の運動では来るべきポスト工業社会における対立・紛争が予見されたのであるけれど、一九九五年には経済のグローバル化とEUの統一通貨実現にむけて各国の政府にさまざまな条件と拘束が課される社会的状況のなかで社会運動の可能性が問い直される。そもそも一九九〇年代半ばの時点で社会運動が存在しうるとしても、その賭金はポスト工業社会の方向性というようなものであるだろうか、ということさえも再審に付されるようになるのである。このように一九九五年一一月・一二月のストライキは新しい社会運動論の展開にとって大きな意味をもつのだが、それに入るに先立って事件そのものにふれておく必要があるだろう。

一九九五年一一月・一二月のストライキには、人々を動員する形態でこれまでの運動とは大きなちがいがみられたことと、この運動を経済のグローバル化やヨーロッパ統合により課される拘束にたいするフランス民衆の防衛的な反応としてみるだけでよいのかということとの、二つの大きな問題が含まれている。

まず、動員形態の話から始めよう。一九八二年にミッテランが大統領になって以後ストライキやデモの数が目立って減少したことが指摘されている。いうまでもなくこれには従来保守政権に異議申し立てをしていた集団や組織の多くが新しく成立した政府支持の側に回ったことともに、フランスでの労働組合の組織率が低下し影響力が小さくなったことがかかわっている。しかしデモなどの行動はなくなったわけではない。新しい形態の運動がみられるようになるのである。一九八六年には社会党は国民議会選挙で破れコアビタシオン（社会党のミッテラン大統領と保守党のシラクが内閣を組織した状況がこうよばれた）の時期に入るが、このとき保守内閣の文相アラン・ドヴァケはそれぞれの大学に大きな裁量権をもたせ入学する学生の選抜条件を決めることができるようにしようとした。この法案にたいしてパリと地方都市で二〇万人から五〇万人の大学生やリセ生徒が反対のデモを繰り広げる。そしてこの反対運動の結果、法案は撤回され文相は辞任することになる。注目されてよいのはこの運動では大学生やリセ生徒の動員は既存の組織を中心とするものではなく、個人の呼びかけに多くの学生たちが反応するというものであったことである。一九八八年には看護婦たちが賃上げと看護婦資格の評価引き上げを求めて全国的にストとデモを行い大規模な動員をみせるが、このとき中心になったのも労働組合に参加している看護婦たちよりも、むしろ各地の看護婦たちのあいだでつくられたコオルディナシオンと呼ばれる自生的な組織だったのである。

(2)動員の新しい形態

一九九五年一一月・一二月のストライキでの人々の動員の形態もこの延長上にある。なるほどストライキはアラン・ジュペ首相が国鉄労働者の年金・退職の制度に改革の手をつけようとしたことに始まる。ＥＵの統一通貨実現のためにクリアすべき条件としてフランス政府は財政の健全化を求められており、他の公共サービス部門よりも優遇され大幅な赤字を抱えているこのカテゴリーの人々の年金制度に政府は手をつけざるをえなかったのである。既得の利益を脅かされることになった国鉄労働者たちはストに入る。しかし、この国鉄労働者たちのストは後にみるように世論の大きな支持を受けた。そして国鉄労働者たちのストには首都高速公団（RAPT）、フランス電力公社（EDF）、郵政事業労働者、学生などのストがあとに続くのである。注目されてよいことは、これらのストが必ずしも労働総同盟などの労組中央の支援を得ていたわけではなく、フランス民主労働連合のばあいでは政府の財政改革案を支持した書記長のニコル・ノタと現場の労働者は対立さえしていたのである。そしてジュペの提案する財政改革案にたいしては社会党内でも意見は分かれ、政党と政治家はこのストライキ紛争のなかには初めから終わりまで出てこない。運動はこれまでの政党や労働組合の呼びかけにこたえる形でストやデモを行ってきたのとは全くちがった新しい形で進められていった。自然発生的な性格が強く、組織化の程度も低い。リーダーもその時点その時点でほとんど無名の人物が前面に押し出されるだけであり、目標を達成すると運動はそこで消滅してしまい、後まで存続することはない。従来の運動に比較するなら未成熟な運動とみられても仕方がない。しかし、この運動は多数の人々を現実に動員するし、世論を動かし、政府の提示する法案を撤回させる力を持つのである。中心となる思想も、明確な使命も目標もないが、人々を動員する力はもつ運動。このような形でくりかえし出現する運動をどのように考えればよいのであろうか。

さきにみたように、トゥーレーヌのいうところの社会運動、つまり中心的アクターがいて、社会的な企てを用意し、既存のものに変わるヴィジョンを示し人々を動員する（アイデンティティ、対立、総体性をそなえる）運動からみるならこれは社会運動とはいえない。トゥーレーヌとともに『大いなる拒否』[28]に執筆するホスロハヴァールによると、この運動は擬似運動とでも名づけられるのがふさわしいものであるが、よく観察すると三種類のアクターを区別できるという。

①中心的アクター——社会の場で介入し、参加し、運動にグローバルな意味を与える存在。一九六〇年代までの労働運動のなかでの労働者がこれにあたる。一九九五年一一月・一二月の運動ではこのアクターはいない。

②重要アクター——運動のきっかけを作り、運動に人々の注意をひきつけるが、運動に意味を与えるわけではない。一九九五年一一月・一二月の運動では国鉄労働者たちがこれにあたる。中

心的アクターは不在だが、かれら以外にも首都高速公団、マルセーユ市電、電力公社の一部グループ、学生なども重要アクターであり、かれらが交互に運動を活発化させる（一九八〇年代以降では中心的アクターがいないが、これが現代の運動の特徴をなすのであろうか）

③周辺的アクター——運動には間接的に参加するだけで運動とは距離を保つ。運動の要求やテーマには共感し支持を与えるが、それに全面的に参加することはない。それゆえ、周辺的アクターの支持は稀薄なものであるが効果がないわけではない。このことは擬似運動に特殊な様相を与える。すなわち、諸々の集団を運動へと動員する力は強くないが、共感の運動としては強い。多くの人々が運動のなかに自分の願い・希望が反映されているのを認めるからである。リストラや臨時雇用化に脅かされている私企業のサラリエ（公的・私的部門で働き給与をえる勤労者のこと）は仕事を失うおそれからストには加わらないが、そのような制約がなければ自分も参加すると考えている。

このような異なる人々を巻き込み支えられて展開するので一九九五年一一月・一二月の運動はじっさいにストを行った人々だけの運動として考察されるのでは不十分であり周辺的アクターも含めて考察されねばならないのである。地方都市での学校、病院、市役所あるいは公共交通機関などで働く人々などの、経済のグローバル化やＥＵの統一通貨参加のため政府が国民と離れたところからくる要請に従って財政改革を進めていくことに、テクノクラート的支配の不安を感じている人々を運動に動員するのに、大規模なデモはその自己表現にふさわしい形態であった。中心的アクターを欠いていることは運動をみちびく一貫したイデオロギーやヴィジョンがないことであり運動のなかでさまざまなカテゴリーの人々によって掲げられる要求は相互に関連のないままである。共通しているのは戦後の労働運動が努力して少しずつ作り上げてきた社会保障や福祉のシステムをグローバル化に対応するためにとかマーストリヒト条約基準にあわせる必要とかの理由で削りとっていこうとする政府への批判、テクノクラート的で非民主的なやり方への批判なのである。労働者やサラリエ中間層の人々にしてみれば保険制度や年金制度は人民戦線政権の時代から長い時間をかけて獲得されてきた社会的成果である。人々の経験と人生に意味を与えるものである。それらの解体がグローバル化への対応、統一通貨に参加するため求められる条件への対応ということで賃金の引き下げや雇用形態の流動化とともに押しつけられようとしている。このことの不安が多数の周辺的アクターの運動への参加を促し、世論の支持を作り出しているのだが、それではジュペ首相の財政改革案に対抗するプランがストと運動の側から出されるかといえばそれはないのである。さらにまた学生たちは重要アクターをなしてはいるが「学生たちは自らの要求をもち、女性や失業者たちの運動と連合するとはいえ、自分たちの要求が満たされるとひきこもってしまう」[28]のである。

運動形態に注目するなら一九九五年一一月・一二月の運動はこのような擬似運動であることを特徴としていたのである。運動全体としての固有の要求はないが多数の人々を動員することができ、テクノクラート的国家と政府の非民主的・官僚的な改革進め方に反対する。一九八六年以後、フランスで大きな運動が生じるたびにこのような形態で繰り返される。ホスロハヴァールによるなら、その理由は経済のグローバル化やヨーロッパ統合などで、政府や国家が国民経済にたいして働きかける力を失いつつあり雇用対策で無力になっている状況では、社会にたいする働きかけとしては唯一可能な形態であるからである。労働組合運動もグローバル化のなかで経営者に対する対抗力を低下させ、一九七〇年代に構想されたような新しい社会運動も発展せず、未来を指向する社会運動のなくなっている社会で人々を動員するのはこれだけなのである。しかし、だからといってこの擬似運動の特徴は運動として弱点しかもたないのであろうか。経済のグローバル化の時代には明確な目標をもち、アイデンティティ・敵手・賭金をはっきりさせた組織された社会運動の出現は困難になっている。敵手をはっきり同定することは困難であるし、アクターのアイデンティティも溶解し賭金もグローバルなレヴェルで社会・経済・文化の変動にさらされていて明確にすることができないからである。したがって、古い社会運動のパラダイムからだけで一九九五年一一月・一二月の運動を評価するのは生産的ではない。それよりも「対抗的企てが存在しないことは、対話に開かれていることであり、グローバルな問題への取り組みを可能にするものであるし、運動にユートピアが欠けていることは変化の激しい時代には適応を可能にする」[28]ものと考える方がよい。一一月・一二月の運動はグローバル化のコンテクストのなかで、運動が新しい形態をとることを余儀なくされているその状況に対応したものと説明されるのである。

運動形態における新しさとともに一九九五年一一月・一二月の運動はその性格についても両義性をはらんでいる。トゥーレーヌの定義ではポスト工業社会での社会運動は社会をいかなる方向に向けて進めるかの方向の選択をめぐり、テクノクラート的指導階級のヴィジョンと競い合い、人々を動員する民衆階級の運動であった。ところで一九九五年一一月・一二月の運動に立ちあがった人々がもとめていたのは文化の方向などではない。国鉄労働者たちはかれらに特例的に認められていた早期の退職と年金受給の制度に改革の手がつけられることに反対したのであるが、この制度は大幅な赤字になっていた。国鉄労働者で年金積み立て分を払いこんでいるのは約一八万人であるのにたいし、受給者は三五万人もいて、赤字分は国が負担していた。マーストリヒト条約基準にあわせるため財政改革を進めるなかで、この優遇制度を他の公共サービス部門で働く人々と同一にすることがなぜいけないのであろうか。トゥーレーヌの社会運動論でいえばこれはたんなる既得利益にしがみつく防衛的行動でしかないのではないか。現に進行しているグローバル化や欧州統一通貨への歩みを当然のことと受け入れるならそのように考えられよう。日本やヨーロッパ各国の社会は高賃金と高い福祉レヴェルを実現してきたけれど、グローバル化の進展のなかでもっと低い賃金や福祉レヴェルの諸国が経済競争に参加してくると、もはやそれらを維持することは困難になっている。反対するのはこれら諸国の中産階級の利益へのしがみつき、フランスでいえば国鉄や郵政事業、学校や病院など公共サービス部門で働く人々が運動の中心であったのだけれども、これらのコーポラティズム的体制に組み込まれている人たちがグローバル化による既存体制の危機に反応しているだけということになる。じじつ、そのような運動への批判も行われていたのである。しかし、一九九五年一一月・一二月の運動はこのような説明でとても十分だとはいえないとトゥーレーヌは考える。

国鉄労働者たちの優遇制度の防衛の運動にたいして、他の公共サービス部門で働く人々のみでなく私企業のサラリエからさえも支持が与えられたことの意味を考える必要がある。一九九五年に入るとフランス経済は好調に転じていた。企業の業績は改善を示していたし、輸出も輸入を上回る。しかし失業は増大し賃金は停滞していた。企業でのリストラはその会社の株価を高めさせ、世界経済のなかでのフランスの成功は、国内生活での人々の連帯とは背反の関係にあることが感じられていた。そのなかでシラク大統領は失業への対策より財政改革を優先させるといい、その延長上で自己負担分を増やし社会負担分を減らす方向での社会保障予算の見直し提案がなされるのである。国鉄労働者の退職・年金制度の改革もこの一環として打ち出されるのであるが、すでに社会の雰囲気は爆発寸前にあった。トゥーレーヌのいうようにグローバル化のもとで失業のみならず雇用の流動化としてさまざまな形態の臨時雇用化が導入されるなかで安定と保障を願う人々の社会的要求と政府の経済政策は完全に乖離しており、フランスの政治は袋小路に入り込んでいたからである。

(3)グローバル化と防衛運動

同じく『大いなる拒否』[28]に書いているレペイロニーによるなら、このフランスの社会・経済の状況のなかで、(一)財政再建に反対し、国家からの保護をひきだそうとする商業者・職人のたたかい、(二)公共サービス部門の人々の地位と賃金の防衛のたたかい、(三)ヨーロッパ統合にたいしてフランス国民の特殊性の名による異議申し立て、(四)貧民 対 富裕者（民衆 対 エリート）の対立図式、の四つの要因が相互に結びつき、シラク＝ジュペ政府の政策に反対する共和国的連合とでも名づけられるべき多様なカテゴリーの人々のブロックが形成されたのである。これを共和国的連合と呼ぶのは小商業者や公務員、公共サービスで働く人々は、国家に依存しその代表たちがコントロールできるような地域社会を生み出し、この人々はいつでも第三共和国的なイメージで国家（共和国）を自分たちの後見人であると考えてきたからである。しかるに、今やフランスの国家はグローバル化した資本主義の行政委員会の一員となり、国民の利益を守るというこれまでの役割を裏切っている。このブロックを構成する多くの人々は工業化・近代化に敵意をもち、地理的には西南地方、西部地方、ミディに分布し、工業化された東部・北部のフランスに対立する。そしてこれらの地方では経済活動の中心は学校、病院、市役所などである。この人々にとり新幹線（TGV）は大都市優遇、病院合理化はサービス低下、郵政事業の民営化は多くの小郵便局の閉鎖をもたらすのではないかと懸念されていた。それゆえ一九九五年一一月一二月のストライキはこれらの地方でとくに活発で、マルセーユ、ニーム、モンプリエ、トゥールーズ、リモージュなどの都市や地方では地域全体で一体感をもち立ち上がったのである。また、ジュペ首相により示された財政再建プランは社会保障制度に手をつけることで人々を不安な気持ちにさせただけでなく、このような地域特有の問題からも人々を動かし、全国的に人々を巻き込む運動となったのである。それだから、この運動を一部のカテゴリーの人々の防衛的運動としてみることはできない。しかし、アイデンティティ・敵手・賭金を明確にした社会運動であるともいえない。ではなんであったのか。「それがいかに重要であったにせよ、一一月・一二月のストライキは社会運動ではない。しかし、すぐに私は、それは深部からの一つの拒否であり、世論により強力に支えられていた拒否であると付け加えよう。それは既得利益の防衛とはちがうものである。それは市場の法則の名により破壊されつつある経済システムについての不安と拒否、流動的で不安定な雇用形態が拡大し失業が増え、それが賃金に影響してくることで、この半世紀間の社会的獲得物が破壊されることへの不安と拒否である」[28]。この拒否をどのようなものとして考えるか。これまでのトゥーレーヌの社会運動論に従うなら、この拒否は防衛的行動とされてしかるべきものであり、社会の自己産出の方向を示し働きかけるような積極性をもたないものである。しかし経済のグローバル化、通貨統合へ向けての動きが必ずしも進歩とは考えられないならば、一九九五年一一月・一二月の運動はたんなる防衛的行動であったといえるかどうか。それゆえいったんはジュペ首相の財政改革案への支持を示したトゥーレーヌの発言はここで微妙なものになる。「少なくとも対立・紛争と交渉の社会的プロセスを開始させ、経済状況からくる拘束とそこでの可能性を考慮させることになっているとするなら、一二月のストライキは一つの運動を告知している」。トゥーレーヌがこのようにいうのは、フランスは新自由主義を進める政府とコーポラティズム的利益の防衛の中産階級とにまっぷたつに割れているのだが、その正面衝突ではなく運動がグローバル化の帰結として予想される社会的周辺化に反対するたたかいを結びつけ、ワークシェアリングなどの構想をもたらし進めさせることになっている、とみるからである。社会の方向を考え働きかけるしかないというときには、一二月のストで提起されたこれらの問題から出発しなければならないであろう。そこでトゥーレーヌは「一一月・一二月に社会運動は存在しなかったとしても、社会運動の影はフランスの上空を通り過ぎたのである」というのである。防衛運動をこえてはいるが、まだ社会運動とはいえない運動がここにはある。しかし、それは一九七〇年代にトゥーレーヌが展開したアイデンティティ・敵手・賭金をはっきりさせた社会運動という規定ではとらえられない。

さきにみたように、トゥーレーヌのいう社会運動とはある社会カテゴリーの人々が、ある形態の社会的支配を問題としつつ、社会をある方向に向けようとする企てとされていて、ポスト工業社会ではそれはテクノクラート的社会的支配に反対して民衆的な諸カテゴリーの人々の運動により進められるものであった。しかし、一九九〇年代にはこのような社会運動はフランスやそのほかの西欧諸国で存在しているであろうか。一九九七年の『われわれは一緒に暮らせるであろうか』[29]でトゥーレーヌはこのように問う。というのは一九九〇年代にあっては経済のグローバル化と情報化は人々をたえざる変化のうちに置き、そこでは世界市場と為替相場の動向が社会と関係なくすべてを決めている一方で、人々は私生活に閉じこもり、あるいは文化的差異をかかげ自分たちだけの共同体に閉じこもっている。社会運動の展開するのとはほど遠い状況だからである。しかし、このような状況にあっても社会運動について語ることはできるとトゥーレーヌはいう。もちろん、一九七

○年代の新しい社会運動論とはかなりことなる問題の設定のもとでである。

(4) 賭金としての「主体」

社会運動の賭金はもはやポスト工業社会での社会の方向ではない。グローバル化と新自由主義の論者のいうように、世界的な市場の動向にすべてを委ねればよい、あるいは委ねるしかないと考えるなら、人々は社会運動とかかわりない受動的な存在にとどまるだろう。あるいは文化的差異の名のもとで宗教的ないしナショナリズムの閉鎖的な共同体回帰にとらわれるなら、そこでの権威主義に従属させられるだけである。そうであるとするなら今日の社会運動の賭金は、私たちが自己決定する「主体」(Sujet) となり市民的な連帯や民主主義のモラルを再建するか、あるいは外部からのヘゲモニーに従属するかであり、トゥーレーヌが「われわれは一緒に暮らせるであろうか」というのはこの賭金を指しているのである。ここで「主体」という言葉がもちだされることに違和感をもたれるかもしれない。というのは社会学はこれまで行為者とシステムの同一を前提として、行為者はいつでも社会的に規定されているものとして語ってきた。自己とは社会化の所産であり、初め「世界の外」にいた個人が完全に世界のうちに入ってくることであった。価値と規範を内在化させるから、あるいは個人はそれぞれの属する社会カテゴリーの価値、規範、ライフスタイルを身につけているから、個人の社会的行動を観察すれば、その所属する社会カテゴリーはわかるし、行動もかなり予測できるというわけである。このような想定のもとでは「主体」などは錯覚であり誤った認識でしかないものとされるか、なんらかの価値やイデオロギーを密輸入するものとして猜疑の目でみられるだけである。しかし、さきにデュベの社会的経験にふれたところで私たちは社会的経験が価値による統合、戦略的な計算、あるいは文化的企てへの参加などことなる論理から構成されており、社会的経験とはそれらの論理の間で折り合いをつけていくこと、相互の論理間の緊張に耐えることであるのをみてきた。トゥーレーヌが主体といっているのも、ほぼこれに近い。トゥーレーヌのばあい主体のテーマは『近代性の批判』[26]であらわれるが、近代という体験が一方では道具的理性に行きつき、他方ではアイデンティティへと分裂してしまったところで再構築されるべき課題として提起されるのである。それゆえ主体は首尾一貫した自己などではなくて、まさしく社会的経験の感覚を指しているのである。デュベとヴィーフィオルカは「主体は、現実の個人や集団と完全に同一視することはできないが、それを形づくっている個人や集団の活動なのである。主体は個人の経験構築のうちでごくありきたりの、英雄的でない仕方で表明され、その個人は自分の私的生活を主宰するものとして自分を理解するために意味をとり集めるのである。主体の自立性は個人にたいして所与ではない。それは自己にたいする働きかけ、抵抗と参加のまざりあい、連帯と紛争の結果として生じるものであり、これらの働きかけの体験のなかで行為者は批判能力を作り上げ、自分だけに属する距離と感情をもつのである」（『主体を考える』［27］一〇頁）といっている。社会運動の根拠としてトゥーレーヌが考えるのはまさしくこのような主体なのである。

グローバル化のもとでの経済と社会の乖離、他方での文化的差異によるコミュノタリズム（共同体回帰）が広がるなかで、救い出されねばならない主体とはこのようなものであり、そのような主体による社会的・市民的連帯の社会を再建すること、社会運動の賭金はそれになっているというのである。ジャン＝マリ・ルペンの国民戦線やアラブ諸国での宗教的インテグリズム*の反響が外国人労働者コミュニティのうちにみられるフランスと比べれば、わが国での自由主義史観や都知事の「第三国人」発言はまだ程度はそれほどではないとはいえ、グローバル化への対抗が意識されそのもとでの文化的差異の声が大きくなりつつあることを示しているわけだから、わが国の状況もトゥーレーヌの指摘からそう大きくちがってはいないのである。

(5)文化運動と歴史的運動

このように今日の社会運動の賭金が主体の再構築であるという地点からふりかえると一九六〇年代の終わりからトゥーレーヌたちが新しい社会運動とみて調査してきた運動はむしろ文化運動とい

うべきものであったと修正される。文化運動の概念はトゥーレーヌの運動論では新しいものであるが、これまでのように組織レヴェルの集合行動から政治制度レヴェルの闘争へ、そして社会の方向をめぐり争う社会運動へという位置づけとはことなり、社会運動はここでは文化運動、歴史的運動、ソシエタル運動からなるものと再定式化されるのである。ソシエタル運動は、トゥーレーヌの提唱してきた社会運動の概念がこれまであまりにも日常的な用法での社会運動と混同されてきたので、それと区別するために名称を変えたにすぎないのにたいして、文化運動はソシエタル運動の前段階に位置づけられる。一九六〇年代から七〇年代にかけての女性運動・地域運動・エコロジー運動がここで文化運動といわれるのは、じつはこれらが必ずしも敵手をはっきりと同定することができないもので、むしろ文化的権利の主張を中心に置く運動であった、ということなのである。文化的権利の主張はもちろんトゥーレーヌのいう主体の擁護の運動であるが、社会が社会に働きかける手段(蓄積、認識様式、文化モデル)をめぐり敵手との対立・紛争に入っていくソシエタル運動にまで達していない。主体の擁護とは先にいったように社会的な組織や集団への同定にたいして距離をとるセンスをもつということである。このセンスを失うなら、たとえば女性運動は自由よりも女性であることという帰属を優先させ、コミュノタリズムに陥ることになるし、じじつ一部の運動はそうなったのである。しかし女性運動も一つだけの論理で動いていたのではない。トゥーレーヌはデュベの議論を引き継ぐ形で、運動のなかに対立するものが含まれているのを指摘している。女性運動は、女性とは「主体」であり、この主体は有性化されていてもはや「人間」（l'Homme）と呼ぶことはできない（「人間」はそれぞれ平等な男性と女性に分かれているのだから）ことを発見し、確認させようとする。他方で女性運動は男性支配にたいするたたかいの名において「ジェンダー」としての差異を消滅させようとする。一方の性に同定された社会的役割を消滅させようとする。ここには女性の固有性とアイデンティティを主張することがあり、他方には社会的効用から社会的役割上の差異をなくさせようとする主張がある。この二つの論理は対立するものであり、この内部対立をはらみつつ展開される女性運動はそれゆえ主体の擁護の運動としてソシエタル運動の前段階となりうる、というのである。女性運動は中絶の権利を認めさせたり雇用機会均等法を採択させるのに成功したあと分解したり弱体化するし、アメリカでのようにいったん採択させた改革や法律が裁判所により否定されたりしているが、このことは文化運動が政治運動に入っていくとき生じるのだ。文化運動とは異議申し立てよりも文化的権利を主張する運動として主体化の働きを含んでいる、とされるのである。

歴史的運動は、安定した状態にある社会でその支配の地位にいる人々に対立するのでなく、変化を指導するエリートと対立する運動であるとトゥーレーヌはいう。もちろん想定されているのは、経済のグローバル化、情報化、ＥＵの統一通貨に向けての政府の取り組みなどの変化である。とはいっても、世界中の国をおそっているこれら変動への対応はどの国でも同じというわけではない。アメリカ、イギリス、ロシア、チリ、アルゼンチン、ハンガリーなど新自由主義の経済モデルが勝利しているところでは、グローバル化やそれにあわせた政府の対応が国内の中産階級にもたらす脅威にたいして異議申し立てはみられないかあってもごく周辺的である。ドイツ、スウェーデン、イタリア、チェコ、ブラジルでは変動の社会的コントロールを担当している勢力が、国家にある柔軟な介入を認めていて、ここでは交渉や「過去と未来のあいだでの妥協」ができている。これにたいしてフランスでは新自由主義モデルへの強い抵抗があり、他方で動員的・管理的・再配分的な国家が維持されている。かつて一九七〇年代初めにポスト工業社会が論じられたさいには、経済成長を指導したテクノクラート的政府に近代化推進のアクター・指導階級の役割が認められていたけれども、一九九〇年代にはもっぱらグラン・ゼコール出身のエリートを編入して作られる政府・中央官庁はテクノクラート的動員方式にしがみつき、それゆえ硬直的でグローバル化時代の変化にうまく対応できないとされるのである。フランスでの社会政治生活は一九八六年以後あい次ぐ紛争に追われ、公共サービス部門で働く人々がそれら紛争のアクターとなっているのはこのためなのである。そしてトゥーレーヌは一九九五年一一月・一二月の大紛争は政治危機とみられるべきではなくてエリートにたいするサラリエたちの不信により活発化された歴史的運動であったとする。というのは、「歴史的運動は指導階級よりもエリートを問題とし、国家に反対するように民衆に訴え、そのことが民衆にきわめて大きな動員力を与えるのであるが、その本性をはっきり示すソシエタル運動の純粋さはもたない、つまりその敵手がだれであるか、そのコントロールをめぐり対立・紛争のなされる賭金はなにであるかは、はっきりしない」[29]運動だからである。一九九五年一一月・一二月の運動には公共サービス部門労働者は既得利益の防衛の側面が強いとしても、変化をリードするエリートを敵手とすることで歴史的運動たることにはちがいない。そしてこのような歴史的運動は経済のグローバル化への反作用として世界的な規模で形成されつつあるといい、トゥーレーヌはエコロジー運動の展開する大キャンペーンが一企業や一国家の政策を問題にすることから、ある種の開発様式を問題にするようになっていることを指摘する。そしてそこで開かれつつある可能性として、最貧国において人道的支援を目的として活動するNGOの多くが、今では最貧国問題に責任あるものとして先進国の政府や国際機関を名指しするようになっていることを示している。「NGOは、異議申し立て的な社会・政治的リーダーを教育し、西欧諸国の工業化の時代に労働組合運動が果たしたのと同じような役割を果たすようになっている」[29]のである。

従来のトゥーレーヌのいう社会運動をそっくり受け継いでいるソシエタル運動はどうか。今日のグローバル化が進みネットワークに浸透された社会では、社会の方向性やヴィジョンの提示もないし、また敵手を同定することも困難であるから、社会全体の方向を問題にするソシエタル運動ではなく、文化運動と歴史的運動がその場にいる。しかし、新自由主義を提唱する人々のいうように社会はもはや断えざる流れ以外のものでなく、社会秩序は消え、権力の中心も存在しなくなっているゆえにソシエタル運動は存在しえないということではない。技術と市場の論理が「主体」の論理と対立・紛争の関係に入っているところではどこでもソシエタル運動は存在できるのであると、トゥーレーヌは考える。「このような状況はしばしば存在しているし、私たちの社会で強く体験されている。医療技術と病院組織は自由と主体の尊厳を侵害するものとなっている。教育される人々は知の伝達を保証しなくなっている教育プログラムに抵抗しているし、商業的成功しかもとめないように思われるテレビに私たちは抵抗する。これらの状況のそれぞれでソシエタル運動は自らのあり方に気づいているし、敵手をはっきりさせるようになっている。私たちがますます加速する新技術の開発に注意深くなっているとしたら、そのことが経済を開放することになり、雇用や社会保障や賃金にたいする新自由主義政策に結果をもたらし、私たちの関心や反応を生じさせるからである」[29]。グローバル化のもとでも、どこでもソシエタル運動の展開する余地はある。とはいえグローバル化に抵抗するすべての運動がソシエタル運動であるわけではない。あるものは既得利益の防衛で満足しているし、他のものはイスラム諸国の原理主義のように攻撃的かつ権威主義的なコミュノタリズムに閉じこもっている。

今日の運動の状況がこのようであるとして、文化運動が歴史的運動に達し、歴史的運動がソシエタル運動へと発展するような論理は存在するであろうか。アメリカ、イギリスでの新自由主義の登場によりグローバル化が始まり世界中のほとんどの国がなんらかの形で追随するようになって以来、世界各地で形成されているのは新自由主義的な経済発展の方式に抵抗する歴史的運動である。それがソシエタル運動へと向かっているのは現在のところ資本主義の中心的諸国に限られているしそのていども弱い。しかし、この動きにはさまざまな文化運動が合流し、さらに大きくなるであろうとトゥーレーヌは考えるのである。「工業化された諸国ではそれぞれのタイプの運動により支配される局面が継起するという仮説をうけいれよう。来るべき数十年間に、私たちがソシエタル運動の強化に立ち会うことになるだろうと結論することにしよう。ソシエタル運動については、私たちは第二次大戦後の偉大な工業化の時代の終わりに出現したのをみたのであるが、それはそのあとの文化運動によって覆われ、現在では自由主義的な発展様式とたたかう歴史的運動により覆われている。新しいソシエタル運動は一九七〇年代と八〇年代にはまだ発展することはできなかったが、回帰してくるにちがいない」。新しいソシエタル運動が今のところ組織的に弱いものであるのは、この運動が直接かつ強く「主体」に訴えかけるものである以上、かつての労働運動や政治運動のようにはなりえないからである。しかし、ポスト工業社会の中心部において健康、保険、教育、情報などにかんして、さまざまな抗議・論争・提案があらわれていることは、テクノクラシー的支配の論理にたいして「主体」の擁護が主張されていることのあらわれであるし、また主体の擁護は文化の多様性の考察へと導き「われわれは一緒に暮らせるであろうか」を賭金とする運動に合流するとトゥーレーヌは考えるのである。

第3章　評価と受容

5月7日、パリ市内のデモに出発する学生たち

1　人のつながりと広がり

英仏海峡に面したコタンタン半島にセリシ・ラ・サルという古城がある。ここは人文社会科学や文学・芸術などのテーマでの大きな会議が開かれる場所として知られているが、一九九三年六月にのべ一〇〇人ほどの人々を迎えて一つの集まりがもたれた。テーマは主体、社会運動、ポスト工業社会、民主主義、近代性などであり、本書の読者にはすぐ思いあたるであろうとおりトゥーレーヌの仕事をめぐっての集まりなのであった。日本でよく行われる慣行の七〇歳の祝いの会に近いのであろうか。しかし、集まりでの報告のうちにはトゥーレーヌの仕事そのものをふりかえるというものは一つもない。トゥーレーヌの提起した問題を参加した人々がそれなりに考え展開させていくのであり、ときにはトゥーレーヌとはかなりちがった議論さえくり広げている。しかし、紛争・対立によりそれぞれの勢力が文化モデルやヴィジョンを掲げて相互批判や討論をくり広げるところで視野の拡大があり、社会の自己産出が活発化すると考えるトゥーレーヌにとっては、一緒に仕事をする研究者たちあるいは親しい友人たちとのこのような関係こそ学問的な仕事の理想的な継承であったのではないだろうか。トゥーレーヌの仕事の受容と継承のありようが、この会議での報告まとめた『主体を考える』［16］を手にするとよくうかがえるのである。

『主体を考える』を編集したデュベとヴィーフィオルカは、トゥーレーヌを含め三六人からの寄稿を、主体の形成、主体の経験、社会運動と近代性、プログラム化社会、ラテン・アメリカ――民主主義と社会運動のあいだ、政治行為と社会、の五部に分けて編集している。この三六人の顔ぶれの第一は、この研究センターの創設者の七〇歳を祝っての記念行事という性格によるのでもあろう、トゥーレーヌの主催する社会学分析・介入センター（CADIS）に属する共同研究者たちが最も多くて一三人、デュベとヴィーフィオルカはもちろんだが『大いなる拒否――一九九五年一二月ストについての一考察』[28]の協力者であるホスロハヴァールやレペイロニー、そしてもっと若い研究者たちである。そしてこれに近いグループの人々としてはトゥーレーヌ自身が研究主任をつとめていた社会科学研究学院（EHESS）に関係する人たちが五人、このなかにはトゥーレーヌがかってエコール・ノルマルの学生のとき寄宿舎で同室でそれ以来親しい友人であり続けている中世史学者のジャック・ルゴフも含まれている。ルゴフの寄稿は「〈歴史への希望〉による歴史性」というもので、このなかでの歴史性概念の検討は本書の第2章でも生かしてある。その次にくるのは国立科学研究センター（CNRS）の所属となっている人々九人であり、ここにはエドガール・モラン、ミシェル・クロジエ、セルジュ・モスコヴィシが含まれている。エドガール・モランは現代社会の問題に複雑性の概念からアプローチするなどトゥーレーヌとは全くちがう研究スタイルだし、ミシェル・

クロジエはしばしばトゥーレーヌの仕事への厳しい批判を行ってきた人である。しかし、モランとクロジエは第二次大戦後にジョルジュ・フリードマンが社会学研究センター（CES）を初めて組織したときの仲間であるし、そのことがテーマや研究方法のちがいにもかかわらず二人を結びつけているる。社会心理学者として知られるモスコヴィシがここに出てくるのはなぜかといぶかしく思う人がいるかもしれない。しかし、トゥーレーヌの歴史性の概念のうちにみえる認識様式はモスコヴィシの示唆によるところが大きいのだ。『社会の自己産出』[8]のなかで認識様式を論じるとき、トゥーレーヌがかれの『自然の人間的歴史』[27]をあげていたことを想起すればよい。ちなみにブルデューの研究者グループとのかかわりはいっさいないけれども、そのことがまたフランスの社会学者たちの世界でのトゥーレーヌの位置を示してもいる。

外国からの寄稿者をみると、ここでもおもしろいことがわかる。一九六〇年代にチリに行き、当時ラテン・アメリカ研究、とくに従属理論派の拠点となっていたチリ大学での研究者たちとの出会いは、この理論との対話と格闘を通じてトゥーレーヌの視野を広げさせるのであるけれど、『主体を考える』ではチリからの二人とコスタリカの研究者の名前が見える。アルベルト・メルッチはイタリアからというよりかつての社会科学研究学院でトゥーレーヌの学生だったという関係というほうがよいかもしれないが、メルッチを含めイタリアから二人、そのほかにはトルコ、オーストラリア、カナダ、ベルギーから一人ずつの参加がある。社会学の最も活発なアメリカからの参加者は一人もいないが、このことはアングロ・サクソン諸国での社会運動研究がもっぱら資源動員論のアプローチで進められていることと関係しているだろう。著作リストにはトゥーレーヌの著書のうちどれがどの国で翻訳されているかも記されているが、それによるとアメリカで出ているのは『合衆国における大学と社会』[7]、『脱工業化社会』[6]、『社会の自己産出』[8]の三冊だけで、アメリカの社会学者たちにとっては社会運動論の研究者としてではなく、社会学の一般理論の提起者として関心をもたれているのがうかがわれるのである。『反原子力運動の社会学』[18]、『連帯――ポーランド』[28]、『近代性の批判』[26]、『民主主義とはなにか』[27]はイギリスで出版されている。『主体を考える』でもうひとことつけ加えておくと、その多くは政治行為と社会の部分に集められているが、研究者ではない人も参加していることがあげられる。このなかにはトゥーレーヌが社会運動論をいつもそこに関連させつつ考えていた第二左翼のリーダーでミッテランのもとで首相もつとめたミシェル・ロカールがいるし、またかつてナンテールのキャンパスでトゥーレーヌの学生であったコーン・バンディもはいっている（肩書きはフランクフルト市助役）。さらにまたフランス政府計画局のロベール・フレスがいるし、人権問題のNGOでしられる「SOS――人種差別」の創設者であるアムール・デジルも含まれている。これはデュベとヴィーフィオルカを中心にトゥーレーヌの研究グループが、一九八〇年代から一九九〇年代初めにかけて外国人労働者の差別と公害問題の調査に取り組み続けてきたことからよくわかる。というより、トゥーレーヌの社会問題への積極的なコミットとそれがどのような立場からなされていたかをよく示しているといえるだろう。

戦後のフランス社会学の再出発については大まかな構図としていえば、フリードマンの門下からトゥーレーヌとクロジエ、レイモン・アロンの門下からブルデューとブードンが育っていった。そしてこの中心的な四人の社会学者はＣＡＤＩＳのようなそれぞれが主宰する研究センターを構え、若い研究者たちを集め、また学術誌を刊行するし、研究叢書を出版してきたのである。もちろん社会学の研究センターはこのほかにもたくさんある。これらの研究センターは主たる対象と方法、また主宰者の研究スタイルや人間関係の組織の仕方によりそれぞれユニークであるのはマンドラスがその自伝『いかにして社会学者になるか』[*17*]で描いているとおりである。フランスの戦後の社会学者の世界でのトゥーレーヌのグループの歩みと現在の位置がこのようであるとして、トゥーレーヌの仕事そのものについてはどのような評価ないし批判がなされてきたのであろうか。そう広くみまわしたわけではなく私が管見した限りでだが、取り上げてみよう。

2　古い図式の未来への投影？

トゥーレーヌの仕事がわりあい広く社会学者たちに知られ話題になるのは一九六八年の五月革命のときのことである。五月革命についての考察や分析は当時たくさん現れたが、トゥーレーヌの『現代の社会闘争』[5]（原題は『五月運動あるいはユートピア的コミュニスム』）が最も包括的で体系だっていたからである。この書物で示されたトゥーレーヌの考察についてはかつての同僚であったミシェル・クロジエがすぐに取り上げ、検討する。クロジエもまた五月革命をフランス社会の閉塞性の現れとして説明していたからである。よく知られているようにクロジエはフランス人の行動スタイルからくる社会変化への硬直性が、不適応に起因するストレスを蓄積させ、それは全機構的震撼を経ることによって初めて解決されるしかない。フランス史で繰り返しみられる革命や政治危機はそのようなものであったし、五月革命もまたそのような説明からのがれるものではないという。この立場からみると、五月運動の学生たちの行動の意味はトゥーレーヌの説明と全くちがうものになる。五月運動のヒーローたち、また行動熱にとりつかれていた人々は「魔術的な」ものの考え方にとらわれていてプロレタリア革命をとなえたけれど、アロンのいうように革命的な要素などはどこにもなかったのである。そうだとすると行為者たちの言説と現実とのこの落差をどうみればよいのか、ということになろう。それについてトゥーレーヌは、じっさいにはポスト工業社会におけるプロレタリアと知のテクノクラートの階級闘争が始まっていてこの闘争がポスト工業社会を動かす深部のバネをなしているのであるが、運動に立ちあがった学生たちはそれを資本家と労働者の階級闘争の図式にあてはめて理解しようとしており、過去と同じタイプの革命を実行しているつもりでいたとする。クロジエはトゥーレーヌの説明は魅力的ではあるけれども感傷的なものにすぎないというのだ。「なぜ大学の諸制度は資本主義の工場の図式をモデルとしつつ、ポスト工業社会を支配することになるのであろうか。……なぜ未来における社会の区分が過去のメカニズムを再現するのであろうか。資本主義社会における亀裂線は、封建時代の社会的・宗教的分割線を再現しているのであろうか。もし、ポスト工業社会の鍵が知の所有であるならば、マルクスが階級闘争の図式のなかに定式化した同盟と対立のメカニズムとはことなるものであるにちがいない」。トゥーレーヌは学生たちが新しい事態を古い図式にしたがって解釈していたことを指摘するが、そのように論じるトゥーレーヌ自身がポスト工業社会における社会対立の形態を資本主義的工業社会での対立の図式に重ねて考えてるのでないか、というのである。ポスト工業社会の対立が新しいものであるなら、その対立の形態は過去の対立とは全くちがうものかもしれないし、そうであるとすると古い図式にとらわれずに具体的な分析を進めるしかない。具体的な分析を進めるなら、クロジエの閉塞社会のほうがよく事態を説明できるとするのである。

『回想録』のなかで五月革命の一連の事件と体験をふりかえって、レイモン・アロンが語る説明もクロジエのそれに近い。当時の多くの社会学者たちが五月革命の分析を示し説明を与えたけれども、部分的な調査をこえて全体的な解釈に踏みこんだのはトゥーレーヌだけであったとアロンも認める。たしかにそこでは旧態依然としたフランス社会とポスト工業社会のテクノクラート的支配と、その両方とたたかう運動が出現している、ということはいえるだろう。なにしろ、一方には一九世紀に形成されたまま一九六〇年代まできている大学組織があり、他方には原子力発電所の建設に決定権をもつテクノクラートにたいする住民たちの反対という状況があるのだから。第五共和国で近代化を推進する政府や中央官庁の人々つまり第三次計画や第四次計画を推進するテクノクラートたちは「社会問題は近代化し、順応させ、統合することにつきると広言する社会の支配者たちのユートピア」をいだいていた。ところでトゥーレーヌはこのテクノクラートのユートピアに反対するのは当然と考えているし、このような反対が学生の運動に絶対自由主義（リベルテール）で反権力、共同体的で自然発生的な闘争の力を与えたというのもわからないことではない。問題はそのさきにある。トゥーレーヌは「学生たちはそれと気づかずに未来の闘争を先取りして過去の階級闘争と混同していた」と説明している。アロンはこのような診断は工業社会からポスト工業社会への移行とかかわるゆえに、実証も反証もできない議論ではないかというのである。「一九六八年五月での最も重要な行為者は学生である。しかし学生はポスト工業社会での専門的で計画化された部署からは遠い存在である。それゆえ、学生たちの言葉を解読してユートピア的先駆としての意味を与えるのは社会学者である。だがこのことは解釈者がある意味を事件のうえに投影するということにならないか」[14]。一九五〇年代にアロンは「歴史の目的」をめぐってサルトルやメルロ＝ポンティと論争した。そのときに「歴史の目的」を前提とし、そこから歴史の意味を説明することをかれは厳しく批判していた。五月革命での学生の闘争をポスト工業社会で出現するであろう対立・紛争の先取りであるとするトゥーレーヌの説明はトゥーレーヌ個人がいだいている「歴史の意味」を五月革命という事件そのもののうえに投影しているのでないか。とするならこの説明にどれほどの普遍性があるのだろうか、アロンの疑問はそこにあったのである。

3　社会運動の理論をめぐって

クロジエとアロンの批判的言及はポスト工業社会における新しい対立・紛争が五月革命の学生た

ちの運動のうちに先取りされて表明されている、という考察をめぐってであった。すでにみたように、トゥーレーヌはそのあと一九七〇年代には女性運動、地域運動、反原発運動などに取り組み、そこから新しい社会運動論を展開することになる。この仕事をめぐる批判にはどのようなものがあるだろうか。アングロ・サクソン諸国での社会運動論は資源動員論に立っていてトゥーレーヌの議論との接点はほとんどない。『アメリカ社会学雑誌』(ASR)と『アメリカ社会学ジャーナル』(AJS)の論文データベースでトゥーレーヌの名前を入れて検索しても社会運動論の論文はほとんど出てこないのである。それゆえ批判はトゥーレーヌの周辺にいる人々のものからということになるが、トゥーレーヌ、デュベ、ヴィーフィオルカはすでに自分たちで社会運動論の不十分さを検討していた。それでいささか二番煎じの感がなきにしもあらずだが、この分野でのトゥーレーヌへの批判にふれておこう。

一九八〇年代になるとフランスでは新しい社会運動は退潮する、これについてはトゥーレーヌたちも目を向けていて、その理由を検討していたことはすでにみたところだが、オランダの社会学者であるドゥイヴェンダクは『政治の重さ――フランスにおける社会運動』[30]で、ことなる説明を与えている。トゥーレーヌたちの社会運動論には国家や政治勢力と社会運動との関係の考察が欠けているというのである。一九七〇年代には女性運動、反原発運動など新しい社会運動が活発であったが、八〇年代になるとこれらにかわり私立学校問題（サヴァリ法案への反対）、農民運動（農民組織は新政権に反対で一九八二年三月にパリで大規模な農民のデモ）、シトロエン社工場の単純工（OS）の争議など古い運動に戻ってしまったようにみえる。この転換はミッテランの社会党政権の出現にかかわっている。社会運動は「政治的な時宜をえた構造」（structure d'opportunité politique）のなかで展開するのだから、国家や政治勢力との関係で考えればこの変化は説明されないわけではない。しかしトゥーレーヌはこれを考慮に入れない。その理由はなぜかと問うドゥイヴェンダクはトゥーレーヌの理論的再構成そのもののうちに問題があるからだというのである。ドゥイヴェンダクのトゥーレーヌ理解そのものがはたして正確かという問題があるけれど、かれの議論は次のようである。『社会の自己産出』[8]でも『声とまなざし』[15]でもみられるように、トゥーレーヌは社会運動を考察するさいに機能の様式を分析する共時のアプローチと社会進化・発展を分析する通時のアプローチを分けて考えている。通時分析では国家は主要なアクターであるが、共時分析では国家は出てこない。トゥーレーヌの考えによると社会運動と国家や政治が関係するのは、社会運動が工業社会からポスト工業社会へと移行するのに役立つときだけであり、移行期でない通常の時期には国家や政治の影響は大きくない。つまり、トゥーレーヌの分析では通時と共時のあいだが接合されていない。トゥーレーヌが社会党、とくに第二左翼の流れをなすミシェル・ロカールと親しかったことが社会党政権の成立と社会運動の関係を正面から考察するのをさけさせたのにくわえ、理論構成上のこのような問題が八〇年代のフランスでの社会運動を十分にとらえさせず、またその説明にも失敗させることになっていったというのである。そこでかれはチャールズ・ティリーその他の資源動員論者の仕事を援用し、トゥーレーヌとはことなる説明を企てるのである。

しかし、この議論にはトゥーレーヌについていささかの誤読があるようである。トゥーレーヌは発展・開発について三つのタイプを区別している。一つは一九世紀のイギリスや二〇世紀のアメリカにみられるように国民的ブルジョワジーが順調に成長し、かれらにより近代化・工業化が達成された社会で、ここでは発展にたいして国家が独自のイニシャティブをもち果たす役割はほとんどない。第二は伝統社会から脱出してまず国民的独立を達成し、その後で近代化・工業化を進める社会で、このばあいには国家が国民的ブルジョワジーを創出・育成しなければならない。明治初期の日本はこのタイプの例であるし、ソヴィエトや中国の革命もこの変種とみることができる（このばあいは近代化への障害が非常に大きかったため、国家は革命政党により奪取され変革され、社会をそのなかに統合し動員した）。そして第三はこの中間に位置するものでラテン・アメリカの従属社会などがここに含まれる。この第一のタイプは西欧やアメリカなどの世界システムの中心国で日本はこのタイプに移行していったが、これら社会はいち早くポスト工業社会に移行しただけでなく、また出来事が多く生じ変化の方向も識別しがたい熱い社会である。このような熱い社会での方向の分析は歴史性の枠組みでなされる、つまり時間の流れを輪切りにした断面をみることによりとらえられる。これにたいしてラテン・アメリカのばあいは『断列社会』[12]などにみられるように国家の行動が重要な意味を持つのである。というのは、外国資本主義による経済支配がある一方、他方ではアルカイックなセクターが残り、この社会では広大な自立した政治の領域が存在するからである。トゥーレーヌのこのような世界を視野に入れた比較分析の構図を思い浮かべれば、一九八〇年代のフランスの社会運動を分析するさいに、近代化を推進する国家と社会運動の関係を問うことはドゥイヴェンダクのいうような意味では問題にならないことがわかる。ドゥイヴェンダクの批判は資源動員論の側からのトゥーレーヌにたいする違和感を示すものといってよいものなのである。

さらにまたここでトゥーレーヌの社会運動論へのメルッチの言及についてふれておくのがよいであろう。『現代に生きる遊牧民』[25]のなかに含まれている「社会運動の新たな展望」である。これはイギリスの研究者によるメルッチへのインタビューであり、このイギリスの研究者は、トゥーレーヌによると反原発運動ないしエコロジー運動は現代の中心的な社会運動になっているというが、これについてどう思うかと、本書の読者からみるとはなはだ荒っぽいトゥーレーヌの議論の要約をぶつけていて、一九七〇年にパリでトゥーレーヌのもとで学びその仕事についてよく通じているメルッチはトゥーレーヌの擁護にまわっているほどなのであるが、しかし一つだけトゥーレーヌに同意できないことがあるのだ。それはトゥーレーヌがいう「一つの社会には一つの社会運動」のテーゼである。女性運動、地域運動、反原発運動はそのものとしてはたんなる防衛的闘争にとどまるだけかもしれないが、それがポスト工業社会のテクノクラート的支配構造に敵手を同定し、賭金を明確にし連携していくなら、それらはポスト工業社会における普遍的な課題を担った社会運動になるはずであった。そしてトゥーレーヌによると資本主義的工業社会にはただ一つ労働者運動が普遍的ヴィジョンをかかげる運動としてあったように、ポスト工業社会でもこのような社会運動は一つだけしか存在しないといったのである。個別の運動はいくらでもありえようが、この一つの運動と連携しその一部に位置付いて初めて社会運動としての意味をもつというのであった。ところで、初めカトリック左派の運動ですごし、ついでコミュニストたちの運動とつきあい、そのどちらにもみとめられる「共同体的なもの」への傾向に違和感をもったというメルッチは、トゥーレーヌのこのテーゼにも同じような同意できないものを感じるのである。もし、ポスト工業社会のなかに一つの社会運動しかなく、それについての正確な認識をトゥーレーヌたちがもっているというのなら、運動に参加する人々はそのような認識とはかかわりなく参加してくるわけだから、外部からの意味を押しつけられることになる。『声とまなざし』[15]のなかでトゥーレーヌたちは運動の活動家たちをしてアイデンティティ、敵手、賭金についての明瞭な認識へと至らせるために社会学的介入を企てたのであるけれども、このような媒介的参加はかならずしもうまくいかなかったのではなかったか。それはこのような外からの意味の押しつけにかかわっているのではないか。

ここにはトゥーレーヌたちの新しい社会運動についてのイメージ、理解のしかたにおけるデリケートなちがいが働いている。メルッチによるなら「今日の運動の参加者は現在時制で行動している。将来の壮大なヴィジョンによって駆り立てられているのではない。運動の組織に参加する人々は、参加すること自体を目的と考えている。〈転々とした行動〉は予定された目的地と少なくとも同じていどに重要である」[25]（二七〇頁）。人々が運動にかかわるとき、その動機や理由や思い入れはさまざまである。しかし、そのさまざまな思いや動機はどれも同じように重要であってそれを一つの社会運動という観念にむりに従わせる必要はないだろう。メルッチがトゥーレーヌ運動論はまだペルソナ論をしっぽにつけている、「つまり運動は歴史という舞台である役割を果たす役者の一体化された総体であるという考え方に立っている」というとき、考えていることはこれである。メルッチのいうことはわからないわけではない。しかし、トゥーレーヌとその協力者たちの外国人労働者への差別やかれらの吹き溜まりになっている郊外団地での若者たちのガレールの調査や、それにもとづき排除された人々の社会的組み入れの問題やグローバル化により労働や生活の条件の劣悪

料金受取人払

本郷局承認

1962

差出有効期間
平成14年3月
31日まで

郵便はがき

113-8790

240

（受取人）
東京都文京区向丘1－5－1

株式会社 東信堂 読者カード係行

お名前《ふりがな》　（　　歳）男・女

（〒　　　）　（TEL　　－　　－　　）
市区
郡
ご住所

ご職業　1. 学生（高 大 院）　2. 教員（小 中 高 大）
3. 会社員（現業 事務 管理職）　4. 公務員（現業 事務 管理職）
5. 団体（職員 役員）　6. 自由業（　　　）　7. 研究者（　　　）
8. 商工・サービス業（自営 従事）　9. 農・林・漁業（自営 従事）
10. 主 婦　11. 図書館（小 中 高 大 国公立 私立）

お勤め先
・学校名

お買上
書店名　市
郡　区
町　書店
生協

東信堂愛読者カード

ご愛読ありがとうございます。本書のご感想や小社に関するご意見をお寄せください。今後の出版企画や読者の皆様との通信に役立たせますので、お名前、ご住所をご記入のうえ、ご返送ください。

ご購入図書名

■ご購入の動機

1. 店 頭	2. 新聞広告（　　　）
3. 雑誌広告（　　　）	4. 学会誌広告（　　　）
5. ダイレクトメール	6. 新刊チラシ
7. 人にすすめられて	8. 書評（　　　）

■本書のご感想・小社へのご意見・ご希望をお知らせください。

■最近お読みになった本

■どんな分野の本に関心がありますか。

哲学 経済 歴史 政治 思想 社会学 法律 心理 芸術・美術 文化 文学 教育 労働 自然科学（　　　） 伝記 ルポ 日記

化にさらされている人々への考慮を考えるなら、「われわれは一緒に暮らすことができるだろうか」というトゥーレーヌのいう今日の運動の賭金もまた重要なのはたしかなのである。

4　ポスト工業社会論の翻訳と紹介

わが国でのトゥーレーヌの仕事への関心についてふれておこう。フランス国内ではともかく、それ以外でトゥーレーヌの名前が知られるようになるのは一九六八年五月の運動のなかでの発言からであるけれど、それ以前でも全く知られていなかったのではない。デュルケム研究以外のテーマでも戦後のフランス社会学に関心を持つ研究者たちはすくなからずいて、その場合の関心の一つの中心はジョルジュ・フリードマンの『労働はどこに行く』[11]であった。労働の疎外は資本主義社会のみでなく社会主義社会でもみられるのだろうか。そうだとしたらそこからの脱出の道はどこに求められるのかという問題関心が田中清助のようなマルクス主義社会学の研究者たちのうちにあったのである。フリードマンは戦前のソヴィエトでのテイラーシステムの導入や合理化について観察していたし、アメリカの自動車工場などの実態もみていた。そしてそのどちらでもない道を模索していた。そして日本の社会学者たちのもとでも同じような関心があり、それは「労働者管理」つまり労働者が自分たちで作業システムや生産物を管理する方式に向かっていた。そこでフリードマンのグループの研究や調査への関心があり、トゥーレーヌの『ルノー工場における労働の進化』[1]なども読まれていたのである。ただ、これは非常に限られた研究者たちのあいだでのことであった。

トゥーレーヌの仕事が広く知られるようになるには一九七〇年に寿里茂と西川潤により『現代の社会闘争』[5]と『脱工業化の社会』[6]があいついで翻訳されるまでまたねばならない。これらの訳書があらわれたとき、まだ大学紛争の余波がどこのキャンパスでも静まっていなかったし、学生たちのあいだでも世界の学生反乱に影響を与えた人たちの思想がよく読まれていた。『現代の社会闘争』の出版もそのような学生たちを読者に想定していたのかもしれないが、内容はかなり手堅い分析だからそう広く読まれたというわけではなかっただろう。むしろ、大学院生や若い研究者が熱心な読者であったのではないかと思われる。社会学の世界でいえば大学の教室で支配的であった二つの理論、パーソンズの構造機能主義とマルクス主義社会学の影響はいまだつよく残るとはいえ、合衆国でのラディカル社会学を初めとするさまざまな潮流がその間に割り込んできていた。トゥーレーヌの仕事との関連でいえばダニエル・ベルのポスト工業社会論があげられる。『ポスト工業社会の到来』[21]の出版は『社会の自己産出』と同じ一九七三年だが、それ以前からベルの議論は日本でも知られていた。それだから寿里茂と西川潤によって紹介された二冊の著作はベルのものとはちがうもう一つのポスト工業社会論として読まれるのである。このことは寿里茂が『脱工業化の社会』につけた訳者あとがきをみるとよくわかる。そこではまずベルの工業社会からポスト工業社会への移行にあたっては理論的知識の集成の重要性がまし、社会予測、企業の行動において経済学様式よりも社会学様式が重要視されるようになるなどのベルの議論が要約される。そして、それにたいしてトゥーレーヌのポスト工業社会論では新しい社会に出現しその方向を掌握する政治的経済的意思決定装置と、そこへの従属的参加を余儀なくされている人々との間で「創造と統制」をめぐっての対立・紛争が軸に展開されるのだという議論が、トゥーレーヌの『行為の社会学』[3]の基礎概念の紹介とともに的確に整理されているのである。

このようなトゥーレーヌの考察を自らの理論のなかに取り込んだ社会学者はわが国にもいないわけではない。そのスタイルはトゥーレーヌとはちがうし、当時よく用いられていた管理社会という語があるから見分けにくいが、栗原彬はトゥーレーヌの自発的服従の概念とともに、トゥーレーヌの指摘するポスト工業社会での対立の構図を『管理社会と民衆理性』[38]のなかに巧みに取り込んでいる。水俣病の患者たちがチッソの工場に抗議にいったとき、先頭に立って阻止したのがこの会社の労働組合員であった。この対立構図は日本社会でのそれの縮図に他ならないのではないか。「一方では、国家の行政部門が肥大化して行政官僚が決定力をもつばかりか、企業の管理者・テクノクラートが巨大な機構を形成して社会的影響力を行使する」。「そして人間の管理が社会過程的に内面化されて、〈経済人〉への囲い込みが進み、〈実社会〉型の自己規制ないし内面管理のメカニズムが大衆に浸透する」（『管理社会と民衆理性』[38]、三三頁）。栗原彬は支配的ブロックにくみいれられた人々のもとでの自発的服従をこのように指摘していた。そしてこのブロックから排除された人々を象徴しているのが水俣病の患者たちなのである。排除された民衆の側が示す人間と自然の共生という生き方は一つのヴィジョンであり、ここでも社会の方向を賭金とする対立・紛争が進められていたということなのである。

当時はそれほど注意されなかったことだが、寿里茂は『脱工業化の社会』の訳者あとがきで著者を紹介するなかで、トゥーレーヌのかなり早い時期の仕事、つまりルノー社工場調査から『労働者意識』[4]に至るまでの労働社会学の仕事にふれ、そのなかにで「コントロールの労働組合運動」という考えが打ち出されているのに言及している。トゥーレーヌによると労働者意識とは創造とコントロールの自由、闘争の意思であり、疎外（ここでは、自分にかかわることの決定から排除されていること）にたいするたたかいの意思により決まってくるのであるが、この意識は三つの位相・段階をたどり発展してくるというのである。その三つの位相は、技術水準、組織、制度などが労働の場にいる個人や組織にどのくらい参加を認めるかによりきまってくる。その第一は自己確認の位相。

ここでは自らの防衛すべき利益についての確認はあっても限定的で、脅威にたいする防衛にとどまる。権利の主張・要求がなされても、敵手を同定するところまでは至らない。第二は対立の位相で、これは自分の労働の内容や条件について決定権限をもつ人々や機構にたいする対立の意識である。しかし、この位相にとどまるなら、他者との対立により自己を規定するだけで政治的基盤を欠く戦術的闘争しかできない。最後にくるのは総体性の位相である。工業社会と工業文明の一般的価値をめぐる対立を、総体としての社会で考え行動しようとするときがこの位相に達しているときで、創造とコントロール、発展とデモクラシーをめざして闘争は組まれ進められ、社会全体のレヴェルでの対立・紛争の構図が出現してくるというのである。これは労働組合運動を支え推進する労働者の意識についていわれているのだが、社会運動論のなかで組織レヴェルでの集合行動が政治・制度レヴェルでの闘争になり、さらには歴史形成行為レヴェルでの社会運動へと発展するという考えの原型をなしているとも考えられるのである。

5　新しい社会運動論の紹介

エコロジー運動、フェミニズム、地域運動は一九六〇年代の世界的なデモクラシーについての思想的転回と深く結びつき生まれてくるが、わが国の社会学者たちのあいだで理論的な関心が高まるのは一九七〇年代の後半くらいからであろう。トゥーレーヌとかれの共同研究者たちとによる一連の運動調査の報告が書物として現れるのもこの時期だが、このときにトゥーレーヌの仕事を精力的に紹介し、また研究したのは梶田孝道、宮島喬、伊藤るりの三人である。寿里茂が訳者あとがきを書いた時点ではまだ『社会の自己産出』[8]は現れていなかったが、梶田孝道はこの新しい著作で示される理論とトゥーレーヌの社会運動論との対応を詳細に検討し、整理して示したのである。この作業は『社会学へのイマージュ』[10]の訳者解説で始められ、のちに『テクノクラシーと社会運動』[37]へと発展させられていくことになる。トゥーレーヌが『社会の自己産出』で示している理論の細部まで立ち入ることは本書ではしていないが、社会階級の二重の弁証法や社会システムの重層的構成、上位階級・民衆階級あるいは指導階級・異議申し立て階級などの概念に関心のある読者にとって梶田の整理は役立つはずである。

梶田孝道はトゥーレーヌの議論のうちでポスト工業社会のテクノクラート的支配層がある明示的な方向を示して社会をその方向に向けて動かそうとし、また民衆階級の側でも対抗する社会ヴィジョンを示す場合には両者間で建設的で生産的な交渉と対話が成り立つはずである。つまり、賭金の共有があるばあいにはそれぞれが批判により自己を相対化して考えるようになるであろうし、パースペクティブも拡大し、それにより社会は活発化する（そのように向けることが好ましい）と論じる部分に注目し、これを対抗的相補性と呼び、この概念を梶田独自の仕方で日本社会のなかでの新しい社会運動の分析に生かしている。戦後のフランスの場合、労働運動のなかでは労働総連合にみられるように正統マルクス主義の思想の影響が強くじっさいの行動ではともかくイデオロギー的には階級対立路線が支配的であったから、このような交渉と相互批判による視野の拡大という発想はなかなかうけいれられなかった。むしろ「第二左翼」とか「アメリカ的左翼」といわれ周辺においやられてきたものであるけれど、マルクス主義から自由になることができた梶田孝道の世代の社会学者にはこのような柔軟な消化が可能であったのである。

新しい社会運動論のうちでも、とくに地域運動についてはフランス国内の事情についての詳しい知識や情報がないとわかりにくい部分があるけれども、『現代国家と地域闘争』[20]の訳者でもある宮島喬は『先進社会のジレンマ』[46]のなかでさらに南フランスの運動（オクシタニーとコルシカ）についての貴重な紹介をしている。またトゥーレーヌは労働運動の二極分化について、つまりよく組合が組織された分野ではさまざまな形で参加が進む一方、自動車工場の組み立てラインに配置された反復的単純作業に従事させられている単純工（OS）のもとでは、それとは全くちがう激しい紛争が続発していることをシトロエン工場での紛争を具体的にあげながら指摘しているが、宮島喬はこの単純工の紛争について、それが外国人労働者の問題と重なっていることについてもふれている。トゥーレーヌのもとでは新しい社会運動論はポスト工業社会における労働運動の性格の変化と対になる形で展開されている（とくにヴィーフィオルカとの共著『労働運動』[23]また『フェール』論文[32]）のだが、わが国でのトゥーレーヌの研究や紹介ではこの部分がやや弱いかもしれない。大衆社会論の時期には「労働者の体制内化」が語られたが、これは福祉国家の諸制度や交渉や仲裁の制度的回路が作られることで、労働者意識が現状肯定的になることを指していた。トゥーレーヌのばあいは共同管理のさまざまな形態や慣行の定着を考えているのであって、それとはことなるように思われるのである。

トゥーレーヌのもとに学びブルターニュ地方の反原発運動の調査をもとに第三課程の学位論文を書いた伊藤るりも、トゥーレーヌおよびデュベなどかれの共同研究者たちの仕事を精力的に紹介しているし、またより広い世界の社会学のパースペクティブのなかでのトゥーレーヌの社会運動論の位置づけを試みている。とくに「新しい社会運動論の諸相と運動の現在」[*1*]では、アングロ・サクソン諸国の運動論とトゥーレーヌたちの理論との対比がなされている。資源動員論*は一九六〇年代までのブルーマーやスメルサーの理論のように分析単位を個人に設定し社会運動を個人の不満や剥奪感から説明する立場とはちがって、組織や集団を分析の単位にして、リスクとゲインの合理的な計算と戦術からその行動を分析する。そのことによって社会運動研究に新しい展望が開かれたのは確かだが、トゥーレーヌが新しい社会運動をポスト工業社会への移行に位置させていることにみられるようなマクロ的な社会変動との関連で社会運動をみる（あるいは運動から社会変動を考察する）という発想がそこには欠けている。それゆえ伊藤るりはマクロ的な社会変動との関係という視点をもつところにトゥーレーヌの社会運動論のメリットと強みを認めるのだが、一九八〇年代以降のネットワーキング的な運動の進行のなかで、この理論がはたして十分なものであるといえるのかという問題点も指摘している。「一つの社会、一つの運動」というテーゼはかつての工業社会における労働運動のような完璧に統合された運動を想定し、そこから女性運動やエコロジスムや地域運動など個別の運動を眺めることになるが、このばあいには規範主義的なアプローチを持ち込むことにならないか、という。伊藤るりはメルッチのいうトゥレーヌの理論では「社会運動の人格化」の傾向がみられるという指摘を受け入れているようであるが、これは一九七〇年代のトゥーレーヌたちの社会運動論には当てはまっても、一九九〇年代の賭金としての主体の問題に取り組み、メルッチも認めるように「主観性や日常生活における実践、親密性といったテーマ」に関心を向けるに至って、その距離は小さくなっているのである。いずれにせよ、今日のわが国の社会学者たちのあいだでのトゥーレーヌをめぐる議論は伊藤るりの整理した問題の圏域でなされている。一九八九年にパリ郊外のリセでマグレブ諸国出身の女子生徒がスカーフをかぶり授業にでたことで生じた「スカーフ事件」について、トゥーレーヌの協力者であるフランソワーズ・ガスパールとホスロハヴァールが調査を行い『スカーフと共和国』[29]を著した。伊藤るりはマグレブ系の少女たちの置かれている複雑な社会文化的コンテクストのなかでのアイデンティティを語りながらこの著作を紹介している。

6　市民社会、社会の自己産出

しかし、わが国でのトゥーレーヌの仕事への関心のあり方はこれでつきるわけではない。平田清明はマルクス中期の著作『経済学批判要綱』の研究に取り組み、「市民社会*」と「領有法則の転回」を解明したことで知られている人だが、そのご「市民社会」の検討を進めるなかで、社会学者たちとは全くことなる側面からトゥーレーヌの著作に接近していったのである。マルクス主義経済思想の研究者として過ごしてきたため、平田清明のもとでトゥーレーヌのいう歴史性、つまり「国家*」を介してではなく社会運動による対立・紛争を通じての社会の活性化・自己産出は、「再生産の場としての市民社会」という形でおさえられている。市民社会は市場における価値法則としての「物象的依存性において、社会的総生産物が部門間および部門内に配分され消費される場である」が、また今日では国家がその発展にとっての役割から去ったことで「協同社会空間」（le sociétal）として重要になっている。ここでは生活のあらゆる分野へ企業の論理が浸透する一方、男女はジェンダーによる差別でなく社会的にも同等な就業者としての地位が求められるし、一つの国民のなかに「複数民族が存在するばあい、それぞれに固有な文化的価値が社会的法的に等価性がもとめられる」。つまり相互に対立する動きが同時に進行している場である。そして平田清明はここでの社会の方向をめぐるたたかいでのヘゲモニーはどこで形成されるであろうかと問うところでトゥーレーヌと出会うことになる。一九八五年五月に平田清明はパリでトゥーレーヌと会ったようだ。そのときの言葉を次のように記している。「マルクス体系では市民社会・資本主義・産業主義が結合しているが、現代では脱産業化（ポスト工業化）が進んだため資本主義は社会主義という姿で自己の揚棄形態を展望する必然性が実質的になくなったのであり、これまで資本主義社会のなかで挟まれ成長してきた市民社会が、情報化社会としての疎外過程の普遍化に対抗しうる歴史的にして現実的な終点となったのである」（『市民社会思想の古典と現代』[45]、三一三頁）。この言葉の市民社会というところに社会運動を通じての社会の自己産出の考え方を確認するのは容易であろう。今日ではそれが情報社会という様態に固有な問題をも帯びつつあるのではないかというのである。

7　私にとってのトゥーレーヌ

個人的な思い出にふれさせてもらうなら、私はトゥーレーヌの社会科学研究学院のゼミに出席していたことがある。一九七五〜七六年のことだが、といってもトゥーレーヌが指導教授というわけではなかった。私の先生はエドガール・モランだったのだが、モランはイタリアの田舎で大著『方法』[22]を執筆中でゼミをもっていなかったし、研究テーマと直接にかかわるフリードマンももう社会科学研究学院を定年でやめてゼミをもたなくなっていた。「君のしたいようにしなさい」とのモランの言葉に従って、コレージュ・ド・フランスでアロンの講義をを聴講し、ブルデューのゼミをのぞき、そしてトゥーレーヌのゼミにも許可をもらって出席していたというわけなのである。このゼミの雰囲気については『歴史への希望』[14]のあとがきでややくわしく書いたことがある。ブルデューのゼミではテーブルのうえにテープレコーダーが三台も四台も置かれ、出席者たちはブルデューの発言を一言も聞き逃すまいとノートを取っていた。なにか張りつめた空気が感じられた。トゥーレーヌのゼミはこれとは全くちがっていて、女子学生とラテン・アメリカからの留学生が多くノートをとるでもなく、話を聞いているというふうであった。

一九七五〜七六年ではゼミのテーマは「社会運動の分析」と「ラテン・アメリカにおける従属と

社会運動」の二本立てで、毎週木曜日の午前にヴァレンヌ通りにあった教室で開かれるゼミでは、このテーマが交互に扱われた。ちなみに、のちにアロン没後にコレージュ・ド・フランスのポストを争うことになるこの二人の社会学者は、同じ曜日、同じ時刻にすぐ近くの部屋でゼミをもっていて、それでトゥーレーヌが休講のときだけブルデューのゼミをのぞきに行けたのである。ほとんどはトゥーレーヌが用意してきた原稿をもとにした講義であった。年間を通じて三回ほど出席者からの意見・発言の時間がとってあったが、今日ふりかえってみると、当時のトゥーレーヌは社会運動についての新たな思索を進めていたようである。このときの講義の内容は『見えない社会』[13]の内容と多く重なっているし、のちに『声とまなざし』[15]にまとめられていくものであった。「ラテン・アメリカにおける従属と発展」では、歴史性の枠組みで社会運動を扱うときにはでてこない国家が、ラテン・アメリカ社会の分析では開発のエージェントとして前面にでてくるのだが、発展の通時的分析と機能運行の共時的分析を区別することの意味がまだよくつかめないでいた私はやや面食らったのを覚えている。それはまたラテン・アメリカ諸国が世界システムの周辺であり中心国に従属しているということの私の受け取り方とも関係していた。外国資本による経済の支配はとうぜんのこと政治にまでおよんでいるはずと素朴にも私は考えていたから。ところがトゥーレーヌは鉱工業や商品作物では外国資本主義を介して世界経済システムに組み込まれているけれど、その残りの部分ではアルカイックなセクターがのこされ、ここでは地方有力者、カウディーヨたちがじっさいの権力をもっている。都市の中産階級を基盤としている国家は外国資本主義の経済支配にもカウディーヨたちの支配にも無力であるのだが、しかしだからといって自立した政治領域とイデオロギーのための空間（大学教授たちのラディカリズム）が開かれていないわけではなく、ここでは多様なアクターが闘争し同盟する広い空間が存在している。国家は弱いし基本的に外国資本主義をささえる役割をしているのだが、それでもこの二重社会のなかで中産階級を作り出し開発を進めるのでもあり、特有の行動の余地をもっているというのである。外国資本主義への従属は国内の経済社会的関係を規定しつくすのではなく社会運動の余地を残している。トゥーレーヌはグンデル・フランク[*]に学びつつ批判していたのである。このようなことを学べたという意味でトゥーレーヌのゼミは私の視野を拡大してくれたのだった。

こういうわけで私は初めからトゥーレーヌのもとで研究しようとしたわけでもなく、トゥーレーヌの研究者でもなかった。フリードマンが中心となって進めた戦後フランスでの社会学の再出発の一つの流れについて研究してみようというところから始め、フリードマン、トゥーレーヌ、モラン、クロジエなどが次々とだしていく著作、そしてデュベやヴィーフィオルカなど私と同じくらいの年齢の次の世代の社会学者たちがなにを考えているかを気にしつつ、彼等の著作を読んでいるにすぎない。いまでもそうである。この立場を考えるとトゥーレーヌ論を書くというのはいささか身の程をこえた企てでもあるわけで、本書を書いた後でこれでよかったのかと不安は残る、というのが本当の気持ちである。しかし、フランスでの一九九五年の全国的なストはグローバル化の影響の押し寄せるなかでわが国でも生じるであろう事態を先取りして示していると思えるし、したがってわが国の社会学者も考えざるをえなくなるはずであることを考えれば、トゥーレーヌの新たな理論的取り組みは日本の社会学者たちにも示唆を与えるところは大きいだろう。この意味で身の程をこえた本書もなんらか役立つだろうと思っている。

付録

コーン・バンディを支援する学生たちのビラ

業績一覧（トゥーレーヌの著作）

1 1955 *L' volution du travail ouvrier aux usines Renault*, Paris: CNRS.

2 1961 *Ouvriers d'origine agricol*, （avec O. Ragazzi）, Paris: Ed. du Seuil. （reedite dans coll. Les Introuvables.）.

3 1965 *Sociologie de l'action*, Paris: Ed. du Seuil. 一九七四『行動の社会学』（大久保敏彦他訳）合同出版。

4 1966 *La Conscience ouvrière*, Paris: Ed. du Seuil.

5 1968 *Le Mouvement du Mai ou le communisme utopique*, Paris: Ed. du Seuil. 一九七〇『現代の社会闘争――五月革命の社会学的展望』（寿里茂・西川潤訳）日本評論社。

6 1969 *La Société post-industrielle*, Paris: Denöel-Gonthier. 一九七〇『脱工業化の社会』（寿里茂・西川潤訳）河出書房新社。

7 1972 *Université et société aux Etats-Unis*, Paris: Ed. du Seuil.

8 1973 *Production de la société*, Paris: Ed. du Seuil.

9 1973 *Vie et mort du Chili populaire*, Paris: Ed. du Seuil. 一九七五『人民チリの生と死』（真木嘉徳訳）筑摩書房。

10 1974 *Pour la sociologie*, Paris: Ed. du Seuil. 一九七八『社会学へのイマージュ　社会システムと階級闘争の理論』（梶田孝道訳）新泉社。

11 1974 *Lettres à une étudiante*, （avec F. Dubet, Z.Hegedus, M.Wieviorka）, Paris: Ed. du Seuil. 一九七七『端境期の思索――ある女子学生への手紙』筑摩書房。

12 1976 *Les Sociétés dépendantes*, Paris-Gembloux: Duculot. 一九八九『断裂社会　第三世界の新しい民族運動』（佐藤幸男訳）新評論。

13 1977 *La Société unvisible,* Paris: Ed. du Seuil.

14 1977 *Un désir d'histoire,* Paris: Stock. 一九七九『歴史への希望　現代フランスの知的状況から』（杉山光信訳）新曜社。

15 1978 *La Voix et le regard,* Paris: Ed. du Seuil. 一九八三『声とまなざし　社会運動の社会学』（梶田孝道訳）新泉社。

16 1978 *Luttes étudinates,* Paris: Ed. du Seuil.

17 1979 *Mort d'une gauche,* Paris: Galilee.

18 1980 *La prophétie anti-nucléaire,*（avec F.Dubet , Z. Hegedus, M. Wieviorka）, Paris: Ed. du Seuil. 一九八四『反原子力運動の社会学――未来を予言する人々』（伊藤るり訳）新泉社。

19 1980 *L'Après-socialisme,* Paris; Grasset. 一九八二『ポスト社会主義』（平田清明・清水耕一訳）新泉社。

20 1981 *Le Pays contre l'Etat,*（avec F. Dubet, Z. Hegedus, M. Wieviorka）, Paris: Ed. du Seuil. 一九八四『現代国家と地域闘争――フランスとオクシタニー』（宮島喬訳）新泉社。

21 1982 *Solidarité,*（avec F. Dubet, I. Strzelecki, M.Wieviorka）, Paris: Fayard.

22 1984 *Le Retours de l'acteur,* Paris: Fayard.

23 1984 *Le mouvement ouvrier,*（avec F. Dubet, et M. Wieviorka）, Paris: Fayard.

24 1987 *Actores sociales y sistemas politicos,* Santiago: PREALC.

25 1988 *La Parole et le sang. Politique et société en Amérique latine,* Paris: Odile Jacob.

26 1992 *Critique de la modernité,* Paris: Fayard.

27 1994 *Qu'est-ce que la démocratie?,* Paris: Fayard.

28 1995 *Le grand refus. Refléxions sur la grève du Décembre,*（avec F. Dubet, F. Khosrokhavar, D. Lapeyronie, M.

Wieviorka) , Paris: Fayard.
29 1997 *Pourrons-nous vivre ensemble?,* Paris: Fayard.
30 1999 *Comment sortir du libéralisme?,* Paris: Fayard.
31 2000 *La Recherche de Soi,* Paris: Fayard.
32 1979 Alain Touraine et Michel Wieviorka, “Mouvement ouvrier et nouveaux mouvements sociaux.” in *Faire*, no. 49.

参考文献

フランソワ・デュベ（Francois Dubet）の著作

1 1977 *Les lycéens,* Paris: Ed. du Seuil.
2 1978 *Les Quarties d'exile,* (avec D. Lapeyronie) , Paris: Ed. du Seuil.
3 1979 *La Galére, jeune en survie,* Paris: Ed. du Seuil.
4 1980 *Sociologie de l'expérience,* Paris: Ed du Seuil.

ミシェル・ヴィーフィオルカ（Michel Wieviorka）の著作

5 1968 *La France raciste,* Paris: Ed. du Seuil.
6 1969 *Racisme et Modernité.* Ed. La Decouvert.

7 1969 *Racisme et Xénophobie en Europe.* Ed . la Decouvert.
8 1991 *L'Espace du Racisme.* Ed du Seuil.
9 1999 *Violence en France,* Paris: Ed. du Seuil.

その他

10 1946 George Friedmann, *Problèmes humains du machinisme industriel.* Paris, Gallimard.
11 1950 George Friedmann, *Où va le travail humain ?* Paris, Gallimard.
12 1951 Talcot Parsons, *The Social System,* New York, Free Press. 『社会体系』（佐藤勉訳、青木書店）。
13 1956 Lewis Coser, *The Function of social Conflict.* New York, Free Press. 『社会闘争の機能』（新睦人訳、新曜社）。
14 1963 Serge Mallet, *La Nouvelle Classe ouvrière*. Paris, Ed. du Seuil. 『新しい労働者階級』（海原峻・西川一郎訳、合同出版）。
15 1964 Pierre Bourdieu et J.-C. Passeron, *Les Héritiers. Les étudiants et la culture.* Paris. Minuit. 『遺産継承者たち　学生と文化』（石井洋二郎監訳、藤原書店）。
16 1965 Kenneth Keniston, *The Uncommitted. Alienated youth in American Society.* New York, Basic Books.
17 1967 Edgar Morin, *Commun en France. La métamorphose de Plodemet.* Ed. Fayard.
18 1968 Edgar Morin, Claud Lefort et J.-M. Coudray, *La Breche. Premiéres réflexions sur les evénements.* Ed. Fayard.
19 1968 Serge Moscovici, *Essai sur l'histoire de la nature.* Paris. Flammarion. 『自然の人間的歴史』上下（大津真作訳、法政大学出版局）。
20 1970 Michel Crozier, *La Société Bloquee.* Ed. du Seuil.

21 1973 Daniel Bell, *The Coming of the Post-industrial Society.* New York, Basic Books. 『脱工業化の社会』上下（内田忠夫他訳、ダイアモンド社）。

22 1977-1991 Edgar Morin, *La Méthode I-IV.* Paris, Ed. du Seuil. 『方法』Ⅰ〜Ⅲ（大津真作訳　法政大学出版局）。

23 1981 Pierre Birnbaum, *Les Sommets de l'Etat.* Paris, Ed. du Seuil. 『現代フランスの権力エリート』（田口富久治・田広敏文訳、日本経済評論社）

24 1983 Raymond Aron, *Mémoires. 50 ans de réflexion politique.* Ed Juillard. 『レーモン・アロン回想録』１・２（三保元訳、みすず書房）。

25 1989 Alberto Melucci, *Nomads of the Present. Social Movements and Individual Needs in Contemporary Society.* Random House. 『現代に生きる遊牧民』（山之内靖他訳、岩波書店）。

26 1994 Jan Willem Duyvendak, *Le Poids du Politique. Nouveaux mouvements sociaux en France*. Paris, L'Harmattan.

27 1995（sous dir, de F. Dubet et M. Wieviorka）, Colloque de Cerisy, *Penser le Sujet, Autour d'Alain Touraine,* Paris, Fayard.

28 1995 Henri Mendras. *Comment devenir Sociologue. Souvenir d'un Mandarin.* Ed. Actes Sud.

29 1995 Françoise Gaspard et Farhad Khosrokhavard, *Le Foulard et la République.* Paris, La Découverte.

30 1996 Jean-Pierre Le Goff et Alain Caille, *Le Tournant de Décembre,* Ed. La Découvert.

31 1998 J.Duval, C.Ggaubert, F. Lebaron, D. Marchetti et F. Pavis, *Le ‹décembre› des intellectuels français.* Ed. Raisons d'Agir.

邦語文献

32 伊藤るり(1993)「新しい社会運動論の諸相と運動の現在」(岩波講座『社会科学の方法、八 システムと生活世界』(岩波書店)。
33 伊藤るり(1997)「フランスのマグレブ系移民とその娘たち」(栗原彬編『現代世界の差別構造 三』、弘文堂
34 大串和雄(1987)「ラテンアメリカ左翼知識人における新しい民主主義論の潮流」(『平和研究』第一二号)
35 梶田孝道(1980)「社会関係の持続と変化:A・トゥレーヌの脱産業社会論の整理のために」『年報社会心理学』。
36 梶田孝道(1985)「新しい社会運動:A・トゥレーヌの問題提示うけて」(『思想』)
37 梶田孝道(1988)『テクノクラシーと社会運動』(東京大学出版会)
38 栗原彬(1982)『管理社会と民衆理性 日常意識の政治社会学』新曜社。
39 庄司興吉(1989)『人間再生の社会学』(東大出版会)
40 寿里茂(1984)『現代フランスの社会構造』(東京大学出版会)。
41 杉山光信(1984)『現代フランス社会学の革新』(新曜社)。
42 杉山光信(1990)「トゥレーヌと現代」『現代社会学群像』恒星社厚生閣。
43 杉山光信(1995)「フランスの人種差別(ラシズム)」(栗原彬編『現代世界の差別構造 三』弘文堂)
44 中久郎・梶谷素久編(1987)『社会学グローバル』(御茶の水書房)
45 平田清明(1996)『市民社会思想の古典と現代』(有斐閣)。
46 宮島喬・梶田孝道・伊藤るり(1985)『先進社会のジレンマ:現代フランス:社会の実像をもとめて』(有斐閣)。
47 宮島喬(1995)「ヨーロッパ統合と民族の論理」(西川長夫・宮島喬編『ヨーロッパ統合と文化・民族問題』(人文書院)。

トゥーレーヌ略年譜

一九二五	エルマンヴル（カルヴァドス県）で生まれる。学校時代はパリで過ごす。
一九四五	高等師範学校（ENS）に入学。このときジャック・ルゴフと寄宿舎で同室。
一九四六	高等実習研究学院第六部門（EHESSの前身）が設立される。
一九四七	国立科学研究センター（CNRS）内に社会学研究センターの設立。
一九五〇	大学教授資格試験（歴史学）に合格する。このときG・フリードマンの示唆に従い、国立科学研究センターにはいる。社会学研究センターでモランやクロジエと研究を開始する。
一九五一	ロックフェラー財団の援助によりアメリカ留学（ハーバード大学、コロンビア大学に滞在）。
一九五二	社会学研究センターに産業社会学研究室をつくる。
一九五八	高等実習研究学院第六部門に移る。独立左翼の立場の雑誌『アルギュマン』の創刊にモラン、ルフォールとともに参加。
一九五九	高等実習研究学院の研究主任になる。また産業社会学研究室を社会運動研究センターに改組する。クロジエやJ-D・レイノーとともに『労働社会学』誌を創刊。

一九六四	パリ西郊ナンテールに新しい社会・人文学部が設立される。この学部教授を併任する。
一九六七	ナンテール社会学科の学科主任。
一九六八	フランス全土を揺るがすスト・五月革命起こる。
一九六九	一二月に初めて日本にきて講演をする。
一九七〇	ロカール派の雑誌『フェール』創刊に参加。この年、ナンテールの学部を辞任する。
一九七一	雑誌『今日のＣＦＤＴ』に参加する。
一九七一	第六次計画に参加する。このときアロン、ドロール、デュマズディエ、ルレ・デュモンなども参加。
一九七三	チリでアジェンデ大統領の左翼連合政権がクーデタで倒れる。
一九七五	高等実習研究学院は社会科学研究学院（EHESS）に編成替えされる。人間科学館が人文社会科学の中心となる。
一九七六	クレイマルヴィルで高速増殖炉建設反対の大規模な集会が開かれる。
一九八一	ミッテランの社会党政権の誕生。
	国連大学の招待で来日（「政治文化の国際比較」研究）。
一九八二	この時期の各種選挙で極右・国民戦線の得票のびる。また、外国人労働者の居住区で暴

	動がみられるようになる。
一九八八	ユネスコからでる報告書『若者にどのような仕事を？』を中心になりまとめる。
一九九一	ユネスコ編『未来に面して　世界における若者と失業』をまとめる。
一九九二	セリシ・ラ・サルで研究集会（『主体を考える』）が開かれる。
一九九五	ジュペ首相の財政改革案にたいする全国的反対のストライキ起こる。

用語解説

A 学派・学問にかんするもの

■ブルデューとパスロンの『遺産継承者たち』（8頁）

戦後の高度成長期に大衆化する以前のフランスの大学は他の西欧諸国と同様にもっぱら富裕なブルジョワ階級の子弟用のものであった。しかしより下の階級に開かれてもいた。小ブルジョワ階級や民衆階級の子弟でも優秀なものは公的な奨学金をもらい進学した。前者がエリチエ（遺産継承者の意味）であり、後者がブルシエ（給費生）である。ブルデューとパスロンのふたりの社会学者は『遺産継承者たち』[15]（一九六四）でこの区分がたんなる出身階級の違いを示すだけのものでなく、それぞれの階級の家庭で保有され蓄積されている教養（文化資本）のちがいに対応していること、また大学教育のなかであたえられる教育内容がブルジョワ家庭の教養に近いものであるため、結果として大学教育が階級的選抜と再生産の役割を果たしていることを明らかにした。当時製作のクロード・シャブロルの映画『従兄弟同士』はこの対比を生きいきと描いている。

■**モランの学生コミューン論（9頁）**

社会学者のエドガール・モランは五月革命のさなか『ル・モンド』紙に「学生コミューン」という記事を連載した。この考察はクロード・ルフォールとカストリアディスの論考とともに後に『亀裂——出来事の最初の考察』[*18*]に再録されている。五月の学生の運動は二〇世紀フランスで最大規模の社会的異議申し立てが流出する裂け目を生じさせた。そして、このなかで国民所得の分配、社会的職業的ヒエラルヒー、あらゆるレヴェルでの権力構造が、全国民的な討論の対象となる。フランス人のすべてにその社会の未来について自問させるように促したのがこの学生コミューンであったという。これを学生コミューンというのはこの運動を特徴づけているのがかつてパリ・コミューンの民衆運動にみられた自然発生性とユートピア性の再現であるからである。

■**セルジュ・マレの新労働者階級論（12頁）**

セルジュ・マレはパリ大学ヴァンセエンヌ校で教えたことのある社会学者（一九二七〜一九七三）。マレは多くの労働者調査をおこないその成果を『新しい労働者階級』[*14*]（一九六三）で示した。かれによるとこれまでのマルクス主義の労働運動論では運動の中心をなすのは重工業部門の規律と技能のある金属工などとされていたが、一九五〇年代中頃以降に技術革新がすすみ先端産業が生まれると、むしろこの分野で働く高度な専門知識をもった技術者やテクニシアンなどが、産業全体の合理的配置を視野にいれそのコントロールを目標に掲げる人々として登場している。このカテゴリーが労働運動の中心となるであろうという。この考えにはアンドレ・ゴルツなどが支持を与えたがトゥーレーヌの五月革命論にもこの考えは大きな影響をあたえている。

■フリードマンの労働社会学（17頁）

社会学のなかで労働を対象とする仕方は国によってことなっている。アメリカでは産業社会学、ドイツでは経営社会学という形で定着をみる。フランスでは労働社会学となった。いずれも大戦間期の産業の急速な機械化、つまりフォードシステムなどの導入により職人的熟練が解体され、構想と実行が分離されることへの危惧を根底の問題関心としている。エコール・ノルマルを卒業し哲学で教授資格試験を通ったあと産業機械化が人間労働におよぼす影響に関心をもったフリードマンは、一九三〇年代にソヴィエトを訪れ観察し、この国でも労働の問題は資本主義国とちがわないことを確認する。フリードマンの開始した労働社会学はトゥーレーヌだけでなくややことなるがJ・D・レイノーなどによっても進められた。

■歴史学のアナール派（33頁）

フランスの歴史学は第二次大戦以前は政治史・外交史を中心とするものであったが、マルク・ブロックとリュシアン・フェーブルの創刊した歴史学術誌『アナール』が発展し影響を拡大するとともに大きく様相を変えるに至った。対象とするものが政治や外交の事件から一般民衆の生活や心性へと移るし、また教区簿冊による長期間にわたる人口動態や税収の変動など時系列的変化を数量的に扱うものになった。この動きはブローデルとル・ロワ・ラデュリーの不動のものの歴史の考え方にまで至り、従来は変化しないとされていた気候・風土などまで歴史学の対象とされることになった。ごくゆるやかにしか変化しない対象のうちには長い時間にわたりある構造が維持されている。しかしその構造が変化すると考えれば歴史学的に扱うことができるのである。

■資源動員論（136頁）

長いあいだアメリカの社会学者たちのあいだではブルーマーやスメルサーの集合行動論が支配的であった。これらは集合行動を個人の欲求不満、不安その他の動機から説明するものである。一九六五年にマンカー・オルソンがゲインとリスクとの計算に基づき個人は行動するとし、そこから一部の人たちの行動の余慶にあずかるフリー・ライダー発生のメカニズムを説明する理論を発表し、このことがアメリカにおける社会運動研究を目標達成のために合理的に計算する個人の行動の視点からの研究に転換させることになった。これはアメリカでは企業についての組織論研究がさかんで、資源動員論はこの組織論の概念や洞察を社会運動の分野に応用したことでもある。マルクス主義のような有力な支配権力批判の思想を欠くアメリカでは資源動員論はこれにかわる代替ラディカリズムの役割を果たしている。

■グンデル・フランクの従属理論（142頁）

アンドレ・グンデル・フランクは一九二九年にドイツで生まれアメリカで大学を終え学位を取得した経済学者。一九六二年にラテン・アメリカに渡りピノチェトのクーデタで追われるまで主としてチリ大学を拠点に活躍した。これまでマルクス主義研究者のあいだではどの国も多かれ少なかれ重商主義段階、自由主義段階、そして帝国主義へと発展すると考えられていた。しかし一九六〇年代になると、このような単線型発展の考え方は否定され、ラテン・アメリカその他第三世界にみられる低開発状態は世界経済システムにおける中心と周辺部という近世に創り出された構造に規定されており、この構造によって富の収奪が続いている限り第三世界の停滞（低開発の発展）は存続するという見方への転換がみられる。この転換の中心の一人をなすのがグンデル・フランクである。かれはラテン・アメリカの低開発について、世界資本主義の周辺に位置することにくわえ、中心と周辺という構造は国内でも存在しているといい、反帝国主義闘争の理論的基礎づけをした。これにたいしトゥーレーヌはラテン・アメリカ社会を外国資本主義に支配される部門とアルカイックな部門からなる二重社会としてみていて、国内の政治システムは複雑で自立的であり社会運動の余地があるという。

B 歴史的な出来ごとにかかわるもの

■自主管理（9頁）

企業で働く労働者たちが生産と販路を自分たちで管理しようとする試みは社会主義の歴史では幾度も試みられた。一国の体制までこれを拡大しようとしたものとしてはユーゴスラビアの経験がよく知られている。一九七〇年代のフランスでも倒産した時計企業（LIP）の従業員による自主管理が知られている。この試みをソ連型社会主義とはことなる社会主義のヴィジョンとして取り上げるのは五月革命の流れをひく統一社会党の活動家たちであった。ミッテランの率いる社会党は共産党と左翼共同綱領を結んだのち、共産党とはことなる社会主義のヴィジョンを示す必要を感じ、自主管理社会主義の思想とともに統一社会党の活動家の一部を党内にとりこむ。そして一九七五年六月の党大会では「自主管理にかんする一五のテーゼ」文書が採択され、自主管理社会主義は党の公式の立場になる。この文書の内容は分権化、生産と配分のコントロール、民主的管理などだが、主要企業の国有化と自主管理との関係についてはあいまいなままであった。なお、組織論の研究者であるミシェル・クロジエは自主管理を実現不可能なものといい否定的である。

■労働総同盟（CGT）と共産党（11頁）

労働総同盟（CGT）は一八九五年に結成され、今世紀初めには議会主義の左翼政党とは独立して社会変革を進めようとした革命的サンディカリズムの立場に立っていた。両大戦間期には人民戦線政府を支持。第二次大戦の末期から共産党路線を代表しこの関係は今日に至るまで続いている。一九六八年にはＣＧＴ指導部は学生の運動をよく理解できなかったが、下部の活動家たちは指導部の指令からはなれストに参加していた。戦後の経済成長はこの労働組合にとって追い風となり勢力を伸張、グルネル協定はこの労組の成果とされることがある。一九七〇年代初めには加入者数二〇〇万人といわれたが、石油危機以後の経済の停滞と社会党との連合政策の失敗から、この組合の本来の基盤である重工業部門などの分野に引きこもる傾向があるとされ、またリストラによる馘首がこの組合の活動家をねらいうちしていることもあり組織率の低下は著しく、今日での組合員数は七〇万人ていどといわれている。

■グルネル協定（11頁）

一九六八年五月はじめのソルボンヌ閉鎖とその近辺での学生と警官隊との衝突は世論を変化させるとともに、労働者のストライキを触発した。はじめCGTやCFDTの指令でなされた二四時間ストは、五月中旬には組織中央の指令に従わない自然発生的なスト（いわゆる山猫スト）として、拠点的大工場にまでひろがり、フランス経済を全国的にまひさせる。ポンピドー首相はこの事態を収拾するために五月二四日から五月二七日にかけてCGTを中心とする労組代表、資本家団体（フランス雇主総連合）との交渉の場を設定し、この交渉で結ばれるのがグルネル協定である。その内容は最低保障賃金基準の三五％引き上げ、一般賃金の一〇％引き上げ、前年の社会保障政令改悪の撤廃、企業内での組合支部の認知などで、これで労働者たちのストは一部を除いて中止になり、終息した。

■第三次計画・第四次計画（15頁）

フランスでは戦後にアメリカからのマーシャル計画による援助資金を復興と産業近代化のために配分することを目的にモネ・プランが策定され、これが以後計画局により継続される。第三次計画は一九五八〜一九六一年に実施される。財政均衡、自由化とEEC発足に対応する生産性の増大、完全雇用などを中心とするものであるが、この計画では消費財生産よりも生産財生産の部門が優先されている。ここから生産財部門主導の経済成長が開始されることになる。この計画は上からの指導方式（ディリジスム）をとり政治家によってではなく技術官僚・テクノクラートにより推進された。トゥーレーヌのいうように政府内部までテクノクラートの進出が顕著で、かれらは議会・政党そして閣議の役割さえ著しく無力化するほどであったとされる。一九六二〜一九六五年の第四次計画では国家による企業への直接的介入は緩和されるが、国家の誘導による資本主義の近代化がめざされることにはかわりない。第三次計画にひきつづいて重化学工業を軸とする成長が優先され、その過程で軍産複合体、トゥーレーヌのいう社会的支配ブロックが形成されるのである。

■左翼共同綱領（21頁）

一九七一年六月エピネーで開かれた党大会で社会党委員長になったミッテランは、この新しい社会党を左翼に再定置させ、共産党に接近し提携をはかった。そして一九七二年六月に社共両党間で成立したのが左翼共同綱領である。これは両党間および対国民的な契約であり、労働者・国民大衆の経済条件の改善、重要産業の国有化、企業での労働者参加と民主的管理、などを内容としていた。ただし両党間では国有化される企業の範囲や企業管理の方式については完全な合意があったわけでなく両論併記の形をとっていた。多党制が承認されており、将来選挙で反左翼政府がうまれるときには政権を交代することも明記していた。この綱領は一九七八年に改訂交渉が行われたが合意に至ることはなかった。しかし、この決裂は社会党にはかえって有利に働き一九八一年のミッテラン政権の誕生をもたらすのである。

■**シュヴェーヌマンとCERES（21頁）**

ジャン＝ピエール・シュヴェーヌマンは社会党の政治家。一九三九年生まれで、パリ政治学院で学び国立行政学院（ENA）をでる。一九六四年に社会党に入党するとともに社会主義教育研究センター（CERES）というグループを創設し、これはのちにミッテランの社会党の内部で最も原則的なマルクス主義の立場のフラクションとして知られる。エピネーの党大会ではミッテランを支持したがこのときは「党の最も右派的要素と最も左派的要素の奇妙な連合」といわれた。CERESは一九七三年には党内で二五％の支持を集めたが、一九七五年のポーの党大会では自主管理社会主義を党方針として採択するのに反対し、執行部からおりた。このようにシュヴェーヌマンはミッテランへの接近と離反を繰り返している。左翼共同綱領の作成の中心人物で、国有化と国家による経済コントロールの信奉者であり、マーストリヒト条約には反対を表明したことでも知られる。湾岸戦争のさいにはフランスが多国籍軍に参加することに反対し国防相を辞任した。

■**ミシェル・ロカールとロカール派（21頁）**

ミシェル・ロカールは社会党の政治家。一九八八〜一九九一年には首相をつとめた。一九三〇年に生まれ、パリ政治学院から国立行政学院（ENA）に進むが、このときすでに社会党学生組織の委員長として活躍。当時の社会党党首ギ・モレのアルジェリア政策に反対して離党、一九六〇年に統一社会党の結成に参加した。この党のなかで社会主義の現代化につとめる。とくに主要企業の国有化論をドグマとして批判し、ドゴール政権の第四次経済計画にたいする「対抗計画」策定の中心となり、このことがトゥーレーヌの関心をひきつけた。また統一社会党にいちはやく自主管理社会主義路線を採択させるのもロカールである。統一社会党はのちにマオイスト（毛沢東主義者）とトロツキストの潮流に支配されロカールは一九七三年に支持者とともに社会党に移るが、左派のCERESとミッテランが主流である党内では傍流を余儀なくされた。一時CERESと結び「自主管理にかんする一五のテーゼ」を採択させ、以後ミッテラン派、ロカール派そしてCERESその他からなる複雑な党内政治をくり広げるが、つねにシュヴェーヌマンとは政治的・思想的に対立し、「アメリカ的左翼」と揶揄されることもあった。

■**ドレフュス事件**（**62頁**）

一九世紀末にフランスで生じた冤罪事件。参謀本部に勤務する砲兵大尉アルフレッド・ドレフュス（一八五九〜一九三五）はフランス軍の秘密をドイツ側に漏らしたとして一八九四年末に軍法会議で有罪の判決を受け、大尉の位階を剥奪されたうえ流刑にされた。のちに有罪の根拠となった書類が偽造されたものであったことが判明するが、フランス軍上層部は軍事法廷で再度審議するものの、判決を変更しなかった。ドレフュスがユダヤ人であったことから、右翼の反ユダヤ主義の新聞が騒ぎを大きくし、また政教分離を進める第三共和制の政府に反対するカトリック教会、対独復讐にはやる愛国主義者たちが、軍部上層のこの態度を支持したのであった。これにたいし、社会派の作家エミール・ゾラは一九八九年一月「オーロール」紙上に「われ糾弾す」を発表、冤罪をはらそうとしない軍部をきびしく糾弾する。これには社会主義者のジョーレスや人権擁護運動家など多くの知識人たちも参加し、この人々がドレフュス派とよばれた。デュルケムやモースなど社会学者たちのほとんどはドレフュス派として支援した。なお、ドレフュスは大統領ルーベの特赦で釈放され、復職した。

■CFDTとエドモン・メール（68頁）

エドモン・メールはフランス民主労働連合（CFDT）を二〇年間にわたって指導した活動家。パリ高等工芸学校で学なんだ化学技師。一九五八年にペシニー社に入るとともに活動に入り、CFDTの前身であるCFTCの化学部門を指導。一九七〇年にはCFDTの全国委員長に選ばれる。このときCFDTの加入者は六五万人でこの組合はCGTにつぐ大組織であったがかれは先頭に立ちこの組合の新しい方向を切り開いていく。民主的、自主管理的社会主義を支持するが、また階級的なたたかいの立場にも立った。大衆的組合運動により数により社会変革への影響力の行使を主張するが労働組合のみの活動形態をこえてさまざまな分散的な活動や要求を調整しまとめていくべきことを論じた。エドモン・メールの指導は従来の労働組合運動の枠組みにはおさまらないもので、労組運動の政党からの自立を説き、左翼共同綱領への反対を表明するなど、政治家からは不信の目で見られることもあったが、トゥーレーヌやローザンヴァロンなどはその思想に惹かれた。一九八九年に委員長を退いた後は、欧州議会議員をつとめている。

■ジャン＝マリ・ルペンの国民戦線（84頁）

ジャン＝マリ・ルペンは極右政治家。一九二〇年生まれ。パリ大学で法律を学んだ後パラシュート部隊でインドシナ戦争に参加。帰国後プジャード運動に加わり、一九五六年には最年少議員となった。アルジェリア戦争では議会に休暇願いを出しパラシュート部隊に参加した。一九七二年に極右政党の国民戦線を創設する。この政党は一九七〇年代には選挙で〇・七五％ていどの得票しかえなかった。しかし、ミッテラン政権成立後の一九八二年の選挙では「二〇〇万人の外国人労働者、二〇〇万人の失業者」と外国人労働者を排斥するスローガンをとなえ、またかれらの犯罪に起因する社会不安の増大、左翼政権の放漫財政などを訴え、左翼政権に期待を裏切られたと感じている人々に支持され一一・三％の得票をえた。当時この高い支持は一過性の現象と見なされたが、国民戦線はその後の選挙でもつねに一〇％をこえる支持を得ている。これはグローバル化により生活に不安を抱く人々をひきつけているためであるといわれる。

C　研究者の用語や概念にかんするもの

■自発的服従（13頁）

戦後の高度成長のなかでテクノクラートを中心とする社会的支配が出現するとき、文化的操作もまたうまれる。すなわち経済成長の条件は生産領域内にかぎられず、人々の欲求や態度まで働きかけるし、その技術も開発される。そこでは人々は「指導的階級が自らの支配の維持を妨げたりこれに対立することはないと認めるかぎりでの関係しかもたない人間」にされる。トゥーレーヌによればこれこそ現代社会における疎外にほかならず、「疎外とは、従属的な参加という手段を通じて紛争が矮小化されること」（『脱工業化の社会』[6]、一八頁）としたのである。一九五〇年代末からフランスの企業の内部では労働者参加がさかんに語られたが、自らの経済的意思決定を行えなくさせられている労働者に参加の機会を与え企業に統合しても、それは労働者の疎外にしかならないとトゥーレーヌはいうのである。

■ヴェブレン的イメージのテクノクラシー（14頁）

ソースタイン・ヴェブレン（一八五七〜一九二九）はアメリカの経済学者。シカゴ大学やミズーリ大学で教鞭をとったのちニューヨークで文学や政治にかんする著作家として活動した。『有閑階級の理論』が有名。またヴェブレンは『技術者と価格システム』（一九一九）を著し、この著作は一九三〇年代初めにアメリカで起こったテクノクラシー運動に大きな影響をあたえた。かれの考えでは社会や経済の領域でも、自然科学現象に見られるのと同じような客観的知識が存在し、技術における と同様にこの知識を社会や経済にも直接に適用することができる。技術者はこの知識を組織や管理の技法と結びつける能力を持っており、工学的合理性の実現される社会秩序の設計と維持の任にあたるのにふさわしいという。社会学的に見ると、この考え方は組織のなかに存在するゼネラリストとスペシャリスト、ラインとスタッフの緊張関係を無視している。さらに政治を管理の問題に還元してしまい、政党の活動や選挙運動は合理性を攪乱する要因と見なしがちで、民主主義のプロセスを軽視する点で問題を含んでいる。

■コンフリクト理論（27頁）

デュルケムは価値による個人の社会への統合を論じ、パーソンズはこれをＡＧＩＬ図式による社会システムの安定の理論に発展させた。一九五〇〜六〇年代になるとパーソンズのコンセンサス理論を均衡をめざし現状維持をはかる立場であるとし、むしろ社会を動態化し発展させていくのはコンセンサスでなく、対立・紛争（コンフリクト）であるという理論が提起される。ルイス・コーザーはマルクスやジンメルの議論に示唆をえて、対立・紛争こそが社会の安定にとりプラスの機能を果たすものであり、今日の西欧にみられるような多元的な社会では対立・紛争は社会に二分化をもたらすことはなく、利害や紛争も多元化しているためかえって社会システムの均衡と安定をもたらすと論じた（『社会闘争の機能』［*13*］）。この考えはダーレンドルフなどにとりいれられ、トゥーレーヌにも認めることができるが、本書で示したように必ずしも同一の議論として展開されているのではない。

■テイラーシステム、フォードシステム（37頁）

テイラーシステムは一九世紀末にアメリカの機械技師のF・W・テイラーにより考案された工場労働の科学的管理法のこと。テイラーは工場労働者の作業能率を高めるために、もっとも優れた労働者を選び出しその作業動作を分析・再構成し、他の労働者をこのモデルに従わせた。また出来高賃金制を導入し労働者の意欲を高めようとした。この思想は第一次大戦後まで大きな影響をもった。自動車会社のフォード社ではこの科学的管理法をベルトコンベアによる流れ作業と結びつけさらなる効率化と迅速化をはかる一方で、労働者にたいする高賃金政策を採用した。この方法でフォード社で大量生産された自動車はこうして労働者層にも購入され、市場は拡大深化し、経済の持続的発展の基礎がつくられたのである。しかし、一九七〇年頃から単一製品の大量生産の限界とともに、ベルトラインに張り付けられた労働者の単純作業の反復が問題化され、ボルボやトヨタなどで新しい作業方式が開発されている。

■戦略的行為（78頁）

人は個人だけでは達成しえない目標を実現するため協力関係に入り組織を作る。組織目標を達成するため分業と協業を編成し、指揮系統を作り、それぞれのポストの任務を明確化し、規律・規則を定める。しかし、どのような組織のなかをみてもその成員がこの公式的規則によってのみで動いていることはない。成員の行動は公式規則では一部分しか定義されず、定義されない部分が残るからである。そこで人々はこの定義されていない部分を資源・切り札として他の成員を動かし個人的な動機や意図を実現しようとする。企業、官庁、学校その他どの組織でも、組織は公式規則による活動と非公式の成員間でのゲームが展開される場になっているのである。成員の切り札は完全には知られていないないし同盟や対立の関係も変化する。それゆえ個人はリスクとゲインを計算するとしても、その場合の合理性は限定されたものでしかない。このように人々の社会行動を研究するアプローチが戦略分析である。

■**コミュノタリズム（84頁）**

外国人労働者たちは出身国や出身地方ごとにまとまって住みコミュニティをつくる。それは経済的にだけでなく精神的な連帯と支援がそこでうけられるからであり、特殊な家族形態や宗教慣行を維持できるからである。しかし、このようなコミュニティに閉じこもる傾向は、人々をそれが位置しているより大きい全体社会から切り離してしまうし、宗教的ファンダメンタリズムやセクト主義への傾斜をもつ。トゥーレーヌとヴィーフィオルカは行為者をこのように外部から切り離しコミュニティの規則に従わせ縛ろうとする傾向をコミュノタリズムと呼ぶ。コミュニティを外部から区別する文化的差異はそれ自身では排除や貧困の原因ではないし社会参加の要素となることもある。しかし、外部の社会での排除と差別が高まれば防衛的攻撃はテロリズムへと至ることもある。なお、この語は共同体（communauté）に由来している。

■**二重社会（86頁）**

トゥーレーヌはラテン・アメリカ社会の分析でこの語をよく用いるが、もともとは二重経済の概念からきている。経済学ではジャワの経済にみられるように西洋人が所有し効率のよい資本主義的経営をしている熱帯商品作物のプランテーションのセクターと、土着の伝統的な農耕を続ける現地の人々の農業セクターとでは、その生産物の流通は全くことなる。一方は世界市場に送られ、他方は現地で消費され、両者はなんら交錯することのない相互に独立した経済圏をなしている。これが二重経済といわれるものであるが、トゥーレーヌはこの概念を社会関係にまで拡大している。大都市の工業や国家や公的制度にかかわるスペイン系中産階級の社会と、アンデス高地で伝統的な生活を続けるインディオたちは相互に独立した社会圏をなしている。さらにプランテーションや鉱山で働く人々が混ざり複雑な社会が出現する。なお、フランスの大都市郊外の外国人労働者の居住区の孤立にかんして二重社会化がいわれることもある。

■**宗教的インテグリズム（104頁）**

インテグリズムはフランスではファンダメンタリズムとほぼ同義で用いられている。一九二五年アメリカで、テキサス州が進化論を学校で教えた教師スコープスを裁判所に訴えたように、聖書の教えを文字どおりに受け取り忠実であろうとする宗教上の立場を指す。フランスではヴァチカン第二公会議の決定に反対し伝統的なラテン語ミサを固守したルフェーブル大司教一派にたいしてインテグリズムがいわれる。一九七〇年代以後にイスラム教、キリスト教、ユダヤ教その他の宗教でさまざまな形で宗教的熱狂が復活しているのがみられるが、マスコミではこの動向をまとめてアンテグリズムと称している。しかし社会学者のジル・ケペルはイスラム教徒たちのもとでの動きを調査し、なるほどかれらは現代イスラム社会をジャヒリーヤ（マホメット以前の多神教・偶像崇拝の状態にあった社会をさす）といい、これを預言者の教えたイスラムに復帰させることを唱えるが、運動にはヨーロッパの大学で工学や医学を学んだ人々が含まれ彼らは修得した知識を運動のなかでいかしており、単純な原典復帰運動ではないのを指摘している。

■市民社会と国家（138頁）

トゥーレーヌが紛争・対立による社会の自己産出というときの社会では国家の存在は想定されていない。つまり、ここでは国家と市民社会を対置したばあいの市民社会が考えられているのである。市民社会は諸階級や諸集団がそれぞれの利益を求めて行動をくりひろげる場であり、国家は個別利益をこえた共同利益ないし普遍利益の立場からこれをコントロールするとされる。ヘーゲルは普遍階級としての官僚層がありこれがこの公共性・普遍性を保障するとしたが、社会学者であるトゥーレーヌからみると国家も社会組織・集団の一つにすぎずその社会学的基盤や性格が指導階級の議論などで検討されるべきものなのである。アングロ・サクソン諸国を典型とする西欧では国家は社会発展のエージェントにはならず、市民社会内での階級対立の帰趨結果を法制度にとどめ、それに従って社会秩序の維持につとめるにとどまる。社会の自己産出論での国家の位置づけはこのようである。

【マ行】

【ラ行】

【欧数字】

【タ行】

【ナ行】

【ハ行】

事項索引

【ナ行】

【ハ行】

【マ行】

【ラ行】

人名索引

■**著者紹介**

杉山光信(すぎやま　みつのぶ)

1945年、東京都に生まれる。
東京大学文学部(社会学科)卒業。
東京大学大学院社会学研究科博士課程中退。
東京大学新聞研究所助手、大阪大学人間科学部助教授をへて
現在は東京大学社会情報研究所教授。
現代フランス社会学、ジャーナリズム論を専攻。

主な著訳書

『戦後啓蒙と社会科学の思想』『現代フランス社会学の革新』
　(ともに1984、新曜社)
『学問とジャーナリズムの間』(1989、みすず書房)
モラン『オルレアンのうわさ』(みすず書房、1973)
アリエス『〈子ども〉の誕生』(みすず書房、1980)
ギンズブルグ『チーズとうじ虫』(みすず書房、1984)

Alain Touraine: The Destination of the Modern Society and New Social Movements

〈シリーズ世界の社会学・日本の社会学〉
アラン・トゥーレーヌ——現代社会のゆくえと新しい社会運動

2000年11月30日　初　版 第1刷発行　〔検印省略〕

＊定価はカバーに表示してあります

著者© 杉山光信　発行者 下田勝司　印刷・製本　中央精版印刷

東京都文京区向丘1-5-1　郵便振替00110-6-37828
〒113-0023　TEL (03) 3818-5521㈹　FAX (03) 3818-5514
E-Mail tk203444@fsinet.or.jp

発行所 株式会社 東信堂

Published by TOSHINDO PUBLISHING CO., LTD.
1-5-1, Mukougaoka, Bunkyo-ku, Tokyo, 113-0023, Japan

ISBN4-88713-373-1 C3336 ¥1800E